销售的技巧

吴岳 编著

煤炭工业出版社
·北京·

图书在版编目（CIP）数据

销售的技巧／吴岳编著. －－北京：煤炭工业出版社，2018

ISBN 978－7－5020－6831－8

Ⅰ.①销… Ⅱ.①吴… Ⅲ.①销售—方法 Ⅳ.①F713.3

中国版本图书馆 CIP 数据核字(2018)第 190498 号

销售的技巧

编　　著	吴　岳
责任编辑	高红勤
封面设计	荣景苑
出版发行	煤炭工业出版社（北京市朝阳区芍药居 35 号　100029）
电　　话	010－84657898（总编室）　010－84657880（读者服务部）
网　　址	www.cciph.com.cn
印　　刷	永清县晔盛亚胶印有限公司
经　　销	全国新华书店
开　　本	880mm×1230mm $^1/_{32}$　印张　$7^1/_2$　字数　200 千字
版　　次	2018 年 9 月第 1 版　2018 年 9 月第 1 次印刷
社内编号	9711　　　　　　　　定价　38.80 元

版权所有　违者必究

本书如有缺页、倒页、脱页等质量问题，本社负责调换，电话:010－84657880

前言

每个人都是推销员,每天都在营销,推销自己的观念、思想、理念、产品、公司、企业远景、个人使命、为人处事的原则……

本书的核心内容是关于销售的理念、技巧等,从多方面帮助你突破,达到你想要的结果。营销本身的追求在于刺激消费者发生行为改变,行为改变才是营销的价值所在。但是消费者行为怎样才能改变呢?营销者必须掌握消费者的心理和他的行为规则,

而根据这个行为模式改变自己的行为，然后才能赢得消费者对应的行为反应。营销是一种双向的行为改变，其本质就在于营销者与消费者基于心理接受的互动。

目 录

|第一章|

你卖的是什么

你销售的是什么 / 3

营销是一种行为改变 / 5

销售是一种行为管理 / 7

每个人都要学习销售 / 9

对自己从事的销售充满兴趣 / 16

在促成成交时要充满自信 / 19

用梦想提升成交的动力 / 24

专注和渴望成功才能成交 / 27

成交在于销售自己 / 32

| 第二章 |

销售要用心

真诚地对待客户 / 47

赢得顾客信赖 / 54

寻找潜在的客户 / 57

找到买方的决策者 / 62

胜利需要主动与坚持 / 67

凭智慧做销售 / 70

人格和荣誉很重要 / 72

培养一个销售王者 / 74

制造与客户的不期而遇 / 78

目 录

|第三章|

培养销售的能力

要有销售兴趣 / 87

加强你的能力修养 / 90

要有亲和力 / 98

学会放弃 / 101

用优势影响你的客户 / 104

销售有方法 / 107

销售就是帮助别人解决问题 / 109

没有任何借口 / 114

坚持学习 / 119

熟悉你销售的每一个产品 / 124

坚持很重要 / 131

| 第四章 |

销售的沟通技巧

沟通的要点 / 137

语言、语调同步技巧 / 156

沟通中的扑克牌游戏 / 159

询问有技巧 / 172

注意询问的方式 / 174

沟通有方式 / 180

说服顾客的技巧 / 186

目 录

|第五章|

成交的技巧

"是的"成交法 / 213

有效选择成交法 / 216

直接成交法 / 218

经理出马成交法 / 222

假设成交法 / 224

限时限量成交法 / 226

故事成交法 / 228

第一章　你卖的是什么

第一章　你卖的是什么

你销售的是什么

　　有三个人，去拜访一个武功非常了得的武林大师。老师问："你们为什么跟我学习武功啊？"第一个人说，我之所以来学武功是因为我要强身健体；第二人个说，我之所以学习武功是因为我长得太胖了，我要减肥；第三人个说，我来学习武功有一个很重要的原因，那就是我家乡经常出现一些土匪，我要保卫家乡。

　　他们三个人的目的和动机是不一样的，那么所学武艺也自然会有差异。这就像大家在读本书一样，我相信结果会因动机不同而不同，所以我要告诉各位朋友：学习的动机优先于学习

的内容！

在营销工作中，每一个消费者在最初进行某种消费行为的时候，通常都曾有过一个理由，而且理由特别明显，但如果没有出现大的问题或者强烈的新信息的刺激，同一种东西人们在第二次、第三次购买的时候，这个寻求理由的冲动就会减弱，并慢慢形成行为习惯。

人们之所以需要理由，除了考虑这个东西好不好，更重要的是看这个东西配不配。我们购买东西时，对于产品的实际信息所知是很有限的，最重要的是看它是否和我们生活方式里的其他东西相吻合。实际上，消费者就是消费品和品牌的配合体。匹配性是我们不同行为得以组成生活方式的前提。这在我们的推销工作中必须牢记。

第一章　你卖的是什么

营销是一种行为改变

　　为什么有人赚100万就会很兴奋，而有人赚1000万却还愁眉不展？源于其赚钱的出发点不同。

　　例如在我的演讲课中，我就比较喜欢五类听众，我最愿意跟这五类听众交朋友：

　　第一类人就是不安于目前的现状，不安于现在业绩状态；

　　第二类人就是希望自己的业绩变得更好、更棒、更高；

　　第三类人就是早到晚退的人，当别人没有来的时候他先来了，当别人都走完了他还没走；

　　第四类人就是学到做到的人，学到之后要求自己去做到，知

识你学习了100%没有用，最重要的是要用到100%，这比学习100%肯定更有效果，所以我最喜欢的推销人员是能学到做到的人；

第五类人就是遇到任何事情都能以积极、乐观的心态去面对，能够掌控自己情绪的人。

做一名出色的推销员，不管是训练你的方法还是技巧，表情和动作都是很重要的，所以要令对方无法抗拒你的热情、你的带动和感染力，在这方面我们是需要自行修炼的。如果大家能够认同这一点的话，那么就用最主动、最积极、最热情的心态来对待我们的销售工作吧。

我相信每一位出色的推销员都不会逃脱这五种类型的，因为在这五类人之中，他们都能够认识到销售本身的追求在于刺激消费者发生行为改变，行为改变才是销售的价值所在。但是消费者的行为怎么样才能改变呢？营销者必然要知道，掌握消费者的内在心理和他的行为规则，而根据这个行为模式改变自己的行为，然后才能赢得消费者对应的行为反应。

营销是一种双向的行为改变，其本质就在于营销者与消费者基于心理接受的互动。

第一章 你卖的是什么

销售是一种行为管理

从这个定义来看,这意味着销售人员就是实施卖东西的行为,客户就是实施买东西的行为。

这听起来简单,但这个定义真正引人关注的影响在于因为客户才是最终的购买者,所以每次销售洽谈的目标,应该是客户会采取什么样的行动。对此,我想起了马克思曾经说过:"商品的销售就像惊险的跳跃,跳不过这个槛被摔伤的不是商品本身,而是商品的生产者、经营者和销售者。"

所以说,如果没有适当的客户行为作为目标,销售人员就会制定他们自己的行为目标,如IBM公司的总裁说,假设我

的工厂被大水冲掉、大火烧掉,只要留下我的人和渠道,我就可以重建IBM。如果我们仔细研究这句话,就可以这样认为:销售者必须制定描述客户行为的目标,重心应该放在购买行为上,而不是销售行为上。因为这位总裁所说的就是人和渠道都是与销售、业绩有关系的。

  对此,世界管理大师德鲁克说:"企业的经营在哪里?就是开发大量的人力资源去销售企业的品牌与产品。"销售是非常重要的!这就好像人们在消费过程中,包括在生活过程中,会不断地制造、质疑自己原来合理的理由。通常消费满意度越高,质疑的机会也就越高,因为期望的成长速度远远强于对产品表现满意的持续度,而低满意度的产品在刚购买的时候就会产生后悔心理。所以很多女性消费者在刚购买完一种产品后会很快去购买一个性价比更优的同样产品。

第一章 你卖的是什么

每个人都要学习销售

我们都是推销员！老总也是推销员，因为企业的远景要你去营销和规划，大客户要由你签，一般重大的投诉要由你处理，公司出现重大危机需要你去面对，这都是在营销。财务人员绝对不是做到收支平衡那么简单，你要为公司作预算，为未来作谋划，就得懂营销；如果你要帮业务员去追账，那就得跟业务部门沟通。如果你是人力资源部的经理，那你下去招人的时候就要让对方更喜欢你，这样你招的人会多一点，素质也会更高一点，未来给公司创造的价值就更大，你可以给公司选择最优秀的人才，你对公司的贡献更大，你可以体现自我；如果

你是生产部的人员，那各位恭喜你，因为现今社会是以销定产的，你的生产好与不好跟你懂不懂销售有很大的关系，一个懂销售的人生产出的产品会更符合客户的需要。

由此可以看出，每个人都是做销售的，财务需要学习营销，前台、老板、人力资源部也都需要学习营销！那我想请问一下，洗脚工需要学习营销吗？当然需要！因为他不学习营销就无法拉到顾客，无法扩大购买力和拿到更多的小费。所以，人人都是营销员，通过营销满足和创造对方的需要，更是铺垫自己的需要，销售就是实践别人的梦想，完成自己的需要，我们都需要学习营销，更需要持续地修炼这门艺术。

为了让大家能够对此有更形象深刻的理解，我讲个小故事：

车站总有一个卖报纸的老汉。老汉穿着整洁，看上去精神矍铄。看起来每天的生意都不错。

有一天下班时间不算晚，我买了他一份杂志，便和他闲聊了起来。

"老师傅，生意不错吧！"

"嗯，还可以，过得去吧！"

"看您成天忙忙碌碌的，收入一定不错吧！"

第一章　你卖的是什么

"呵呵，还不错吧！反正养老婆和供孩子读书基本没问题了！朋友，别看我普普通通，我家女儿可是在南大读书哩！学费贵着哩！"

"哟，老师傅，你真行啊！一般人可没有您这么大能耐呢！"

"呵呵，朋友你可真会说话。不过你倒没说错，我吧，不动不摇，一个月4000块是没有问题的！"

老汉打开了话匣子，和我聊了起来。两年前，老汉在工厂下岗了。

下岗工资就那么多，生活的压力，使得老汉开始打算卖报挣钱（制定工作目标）。

几经挑选，发现汽车总站人流量大，车次多，于是选定在汽车总站卖报（经初步市场分析，选择终端销售点）。

但是，经过几天蹲点发现，车站固定的卖报人已经有了两个（营销环境论证）。

其中一个人卖了很长的时间了，另一个人好像是车站一位驾驶员的熟人（对竞争对手进行初步分析）。

如果不做任何准备就直接进场卖报，一定会被人家赶出来

的。于是，老汉打算从车站的管理人员下手(制订公关策略)。

开始，老汉每天给几位管理员每人送份报纸，刚开始人家跟他不熟，不要他的报纸。他就说这是在附近卖报多余的，车站管理员也不是什么大官，一来二去也就熟了。老汉这时就开始大倒苦水，说现在下岗了，在附近卖报销量也不好，一天卖不了几份，而马上女儿就要参加高考了，高昂的学费实在是无力负担，女儿学习成绩那么好，如果让她不读书了真的对不起她了……(与公关对象接触，并博取同情)。

人心都是肉长的，车站管理员就热心帮他出主意："那你就到我们车站来卖报嘛。我们这边生意蛮好的，他们每天都能卖几百份呢(大功告成)。"

有了车站管理员的许可，老汉光明正大地进场了。当然，老汉不会忘记每天孝敬管理员每人一份报纸(公共关系维护)。

场是进了，可一共三个卖报人，卖的可是同样的报纸。老汉冥思苦想一番(进行营销策略分析)，有了！另两个卖报的都是各有一个小摊点，在车站的一左一右。老汉决定，不摆摊，带报纸到等车的人群中和进车厢里卖。(差异化营销，渠道创

第一章 你卖的是什么

新，变店铺销售为直销)

卖一段时间下来，老汉还总结了一些门道：等车的人中一般中青年男的喜欢买报纸，上车的人中一般有座位的人喜欢买报纸并喜欢一边吃早点一边看(消费者分析)、有重大新闻时报纸卖得特别多(销售数据分析)。

于是，老汉又有了新创意。每天叫卖报纸时，不再叫唤："快报、晨报、金陵晚报，三毛一份，五毛两份"。而是换了叫法，根据新闻来叫。什么伏明霞嫁给53岁的梁锦松啦、汤山投毒案告破啦、一个女检查长的堕落啦、FD疫情新进展，病毒研究有重大突破啦什么的(对产品进行分析，挖掘USP独特的销售主张)。

果然，这一招十分见效！原先许多没打算买的人都纷纷买报纸。几天下来，老汉发现，每天卖的报纸居然比平时多了一倍！

同时，老汉还凭借和车站管理员的良好关系，让同样下岗的老婆在车站摆了个小摊，卖豆浆。旁边卖早点的摊点已经有十来个了，带卖豆浆的也有四五家。而老汉不同，老汉只卖豆浆，而且老汉的豆浆是用封口机封装的那种，拿在手上不会洒

出去。比人家多花了500多块买的一台封口机,豆浆价格比别人贵一毛钱。因为坐车吃早点的人通常没法拿饮料,怕洒,有了这个封口豆浆,这个问题就解决了(针对目标消费者的潜在需求,开发边缘产品)。结果,老汉老婆的豆浆摊生意出奇地好!

这样做了大约半年左右,车站的一家报摊亭由于生意不太好就不卖了,于是老汉就接下这个地方支起了自己的报摊。但老汉又有不同:买了government统一制作的报亭,气派又美观(有统一的VI,有助于提升形象)。

老汉的经营品种也从单一的卖报纸发展到卖一些畅销杂志(产品线延伸)。

销量更上一层楼了。老汉还会根据什么杂志好卖搞一些优惠,比如说买一本《读者》送一份快报什么,因为杂志赚得比较多(促销策略,用利润空间较大的产品做买赠促销,并选择受欢迎的赠品)。

老汉的女儿周末在肯德基打工,经常带回来一些优惠券,于是,这又成了老汉促销的独特武器!买报纸杂志一份,赠送肯德基优惠券一份(整合资源,创造差异化)。

第一章　你卖的是什么

　　同时，由于老汉这个报亭良好的地理位置和巨大的销量，很快就被可口可乐公司发现了，他们安排业务人员上门，在老汉的报亭里张贴了可口可乐的宣传画，安放了小冰箱，于是，老汉的报亭不仅变得更漂亮更醒目，还能收一些宣传费，而且增加了卖饮料的收入(开发新的盈利项目成功)。

　　就这样一直做了两年，老汉的卖报生意有声有色。每月的收入都不低于4000元。现在，老汉又有了新的目标，就是附近的有线电厂小区。老汉打算在小区出口的小胡同里再开一家新的报亭(利用成型的管理和共享的资源，走连锁经营路线)，这样一来，老汉把女儿将来读研的钱也挣到手了！

　　和老汉的一席谈话，收获颇丰。卖报能卖出这样的经营哲学，这位老汉可才是真正的实战派营销人。

对自己从事的销售充满兴趣

爱因斯坦说过:"兴趣是最好的老师。"如果你能对一项工作充满兴趣,你一定会从中受益许多。如果你对别人感兴趣,两个月内,你所得到的朋友,就会比一个要别人对他感兴趣的人,在两年内所交的朋友还要多。这就是兴趣的力量。

豪华·哲斯顿最后一次在百老汇上台的时候,卡耐基一个晚上都待在他的化妆室里。哲斯顿,这个被世界公认为魔术师中的大师,前后40年,他到世界各地创造幻象,迷惑观众,使大家为之惊叹不已。40年来,共有6000万人买票去看过他的表演,他从中赚得了约200万美元的巨额利润。卡耐基视哲斯顿先生为榜

第一章　你卖的是什么

样,他请这位伟大的魔术师告诉他成功的秘诀。

哲斯顿告诉卡耐基,他的成功与学校教育没有什么关系,因为他很小的时候就离家出走,成了一名流浪者,他搭货车、睡谷堆、沿门求乞,他之所以识字,是因为他在流浪期间,坐在车中,坚持向外看着铁道沿线上的标志。

他关于魔术手法的书已经有好几百本,而且有几十个人跟他懂得一样多。但他有两样东西,其他人则没有。首先,他能在舞台上把他的个性显现出来。他是一个表演大师,了解人类天性。他的所作所为,每一个手势,每一个语气,每一个眉毛上扬的动作,都在事先很仔细地预习过,而他的动作也配合得分秒不差。

此外,最重要的是,哲斯顿对别人真诚地感兴趣。他告诉卡耐基,许多魔术师在表演的时候,会看着观众暗示自己说,"坐在底下的那些人是一群傻子,一群笨蛋,我的表演可以把他们骗得团团转。"但哲斯顿从来都不这样做,他每次一走上台,就对自己说:"我很感激这些人来看我表演,他们使我能够过上一种很舒适的生活。我要把我最高明的手法表演给他们

看看。"他每次走上台时,都会一再地对自己说:"我爱我的观众,我爱我的观众。"

卡耐基认为,哲斯顿的成功秘诀很简单,那就是对他人感兴趣。正是因为哲斯顿对别人感兴趣,才获得了空前的成功。

虽然你是一名销售人员,不是魔术师,但这个成功的定律同样适用于你。要想与客户建立一种和谐稳定的关系,你必须首先对客户充满了兴趣,不要希望客户会主动对你感兴趣。要知道,你对别人感兴趣的时候,也会引起别人对你的兴趣。

第一章　你卖的是什么

在促成成交时要充满自信

　　自信的人才最容易成功，自信来源于人的心灵深处，是人对自我精神状态的一种客观、真实、正确的认识。所以，在心理学上，判定一个人心理状况所参照的重要因素就是看这个人有无自信。

　　什么是自信呢？自信不是自大，不是狂妄。自信不需要别人给予，只须自己选择。自信是一种心态。你选择自信，你就能充满信心：你相信自己的选择正确；相信自己的认识科学；相信自己的能力很强；相信自己一定会取得成功。有了自信心，便会生出勇气、热情、力，相对而言，失去自信其也随之

失去。有无自信心不是句空话，不是针对平常的心态而言，它是指那种面对无数次的挫折、失败、打击，依能具备良好的心理承受能力的心态。

所以，作为销售人员，只有充满信心，才能坚定信念，做好销售工作。在销售的过程中，销售人员对公司和产品要深具信心。当你相信自己的产品具有能够满足顾客需求的效用，相信自己的产品货真价实时，你就会充满自信，即使遭到客户的拒绝，也会从容面对客户。

然而，有很多推销员缺乏自信，他们对自己所销售的产品和服务没有什么信心，只是把产品说明书背下来，还在心里告诉自己："只有傻子才会买这些东西。"毋庸置疑，如果一个推销员对自己推销的产品疑虑重重，一点儿都不信任，他就不可能打动客户，售出产品。

如果你没有充分的自信，没关系，可以努力自我培养，销售人员要使自己对产品抱有肯定的心态，就要对产品进行充分了解，全面地把握产品的知识、特有的功能效用、特点、优势和合理的使用方法，最重要的是还要亲自使用，体验产品优秀的品质和卓越的功效。对于推销员来说，亲自使用是必须进行的。销售是一种温情体验的过程，它强调的是分享。只有你自

第一章　你卖的是什么

己亲自去体验产品，才能获得心得，而后分享使用经验，才能由衷地赞美产品，真正树立起对产品的信心，才能客观公正地向客户介绍产品，并在同类产品中取得竞争优势。

一般来说，客户判断产品是否可信，往往基于推销员对产品的态度，如果你的态度告诉客户你不相信自己所销售的产品和服务，客户又怎会相信它们呢？如果客户不相信，还有谁会买你的东西？

所以，对于你自己都不相信的产品和服务，你永远都不可能销售好它们，你只有对你的产品和服务抱有100%的信心，才能把这种影响力传达到客户身上，获得客户的信赖和支持。

在某地，有一名推销健身器的推销员，他非常热衷自己推销的产品，他所推销的健身器，运用模仿金鱼游泳姿态做全身摆动的原理，每天早晚在床上摇15分钟，以促进血液循环、调整脊椎、活化细胞。正因有如此健康的功效，所以他每天都使用这一产品，增强自身体质。后来，由于他的销售业绩节节攀升，达到一定标准，公司奖励他一个星期出国旅游的机会。在整理行囊时，他所想的第一件事就是赶快把这个健身器放进旅行箱。应该说，他之所以能够创造卓越的业绩，与他这种对产

品的如痴如醉、如饥似渴的心态有着非常密切的关系。

在销售过程中，阻碍推销员取得卓越业绩的最大绊脚石就是"不相信"。正是因为很多推销员不相信自己所在的公司、自己所推销的产品，一直都很平庸。要想扭转销售情况，首先必须对自己的公司和产品建立坚强的自信，去除自卑感。只有相信自己所提供的产品是最好的，你才能产生与人分享的欲望，才能打动人心，售出产品。

对于所在公司和企业来说，销售人员拥有自信心，发自内心地热爱、信赖公司，就能把公司的信誉、实力通过推销员传递给客户，这样客户才会考虑接受公司的产品或服务。如果你所在的公司是个信誉不错的公司，有美好的发展前景，那么就热爱它、信赖它吧，有了这块根据地，你才会发展得更好。

其实，销售所传递的就是一种信任，如果推销员表现得信心不足，对产品也不是很认可，那么客户很难接受你推荐的产品或服务。所以，请相信你所销售的产品，不要怀疑它存在的价值。当你对产品已经建立起了坚固的信心，能够回答客户任何与此有关的提问时，就可以对客户进行正式的拜访。切记：在没有找到产品独特的优势，自己没有信心之前，千万不要贸然拜访客户。

第一章 你卖的是什么

很多时候，最困扰推销员的不是怀疑产品的品质，而是价格。其实完全没有必要担忧这方面，有些产品之所以价格高于同类产品，是因为它的性能和质量比同类产品高出很多。比如，几十万就可能买到一辆普通的车子，但要想买一辆进口的豪华轿车，却需要高于普通轿车十几倍的价格。其中的差异就在于价值不同。从产品的价植角度来看，价格是合理的，甚至是便宜的。也就是说，"价格是价值的体现"。因此，销售人员在与客户进行说明时，也使用着重于价值而非价格的策略，继而尽快得到客户的认同。

所以，当一件产品的价格很高时，推销员要做的是尽量搜集各种有关资料，用于证明产品的性价比是合理的。要知道，把产品顺利销售出去的保障是销售人员自始至终都相信自己的产品是最好的、是物有所值的。

用梦想提升成交的动力

有些人做了多年的销售工作,但是他们之中却有许多人业绩始终不理想,为什么他们始终没有取得成功呢?究其原因,主要是因为他们没有积极的心态,没有梦想,没有奋斗的目标。

无数的事实告诉我们,如果一个销售人员没有向上的心态,没有远大的梦想,没有目标,就变得无精打采,失去进取之心,更不能发掘自身的潜能。要想成功,就必须设立自己的目标,用梦想去激励自己。

我曾经在一个全国性聚会的演讲中认识一个青年,他是无数成功者中的一个。然而,虽然在这之前他也努力做好保险推

第一章　你卖的是什么

销工作，但却始终都未能获得好的业绩。听了我在演讲中介绍的上衣口袋法，为了改变这一现状，他决定使用这一方法，采取更积极的态度，在心里下定了创纪录的决心，而且还设定了一个几乎是不可能达成的目标。

以下就是他写在纸上，在上衣口袋里放了一年的话。他深信自己能够成功完全依靠这些话："今年是我最好的一年。我要把所有的干劲和精力投入工作中，享受工作的乐趣。以积极进取的态度，相信能达到高于去年50%的业绩。我一定会实现这个目标。"

一年结束时，他的营业额正好增加了50%。他对我说："如果没有实行你教我的上衣口袋的方法，我可能仍旧徘徊在公司最低的业绩边缘。那个方法使我采取从来没有过的积极态度，激发了连自己都不知道的潜能。总之，我现在的业绩仍在持续成长中。"

他说："我需要学习的东西太多了，我不会因为取得一点成绩就骄傲自满，因为知道，我一旦松懈，就会回到以前的样子，重蹈覆辙。我绝不会有'一切都已经完成'的想法，并因

此心满意足，这是极大的错误。"

所以，如果你是一个梦想成功的销售人员，如果你想成功，就必须先有目标，先有梦想，并时常以肯定、正面的自我宣言，不断地自我教育、自我塑造、自我激发。把每日、每季、每年的销售目标、收入目标、财务目标、个人发展目标及精神目标都写下来，就像建房子绘制蓝图那样，绘出自己梦想的蓝图。有了这个梦想蓝图的指引，你就会早日走向成功。

成功永远属于那些拥有梦想的人。

第一章　你卖的是什么

专注和渴望成功才能成交

作为一名销售人员，要想获得成功，就要选择好自己专注的焦点，并将注意的焦点完全集中在你想要的结果上，然后积极进行思考，千万别放在你不想要的地方。如果你能坚定地追求你的目标和成就，它们就会变成一种动力，引导你努力前进。假如你把注意力集中在想要增加销售绩效上，你就会发现自己正在向这一目标努力。一句话，你越是专注于你所要的东西，你就会越执着地努力去得到它。

有这样一个古老的传说，在古希腊塞浦路斯岛上，有一位名叫皮革马利翁的年轻王子，他酷爱雕塑艺术，通过自己的努

力，终于雕塑了一尊女神像。他对自己的佳作爱不释手，整天含情脉脉地注视着他。天长日久，女神竟然神奇般地活了，并乐意做他的妻子。

这个故事蕴含一个深刻的哲理：期待是一种强大的力量！后来，有一个心理学家依据这个故事演绎出了一个著名的心理学实验——"皮革马利翁效应"。这个效应告诉我们：只有渴望成功的人，才能拥有强烈的成长欲望，并且努力去做，坚持不懈，最后获得成功。

世界上有很多白手起家的百万富翁，有人曾对他们进行过深入调查，结果显示，这些富翁在早期创业时都有一个共性——对成功有着强烈的欲望。应该说，强烈的欲望是打开成功之门的金钥匙。如果一个人没有成长的欲望，那么，即使他具备足够的才能，也难以获得成功。也就是说，一个销售人员，如果不渴望成功，没有成为"王牌销售员"的强烈欲望，那么他永远都不会成功。

美国奥兰多·朗托斯业务推广公司总裁潘·朗托斯曾是个肥胖、沮丧的家庭主妇，一天要睡上18个小时。有一天，她突然厌倦了这样的生活，决心做些改变。她开始聆听一些有关积极思想的录音带。录音带里说，每天要对自己说三次肯定宣

第一章 你卖的是什么

言。她一天说50次。录音带里说，必须时常在心里想着一个固定的成功形象，她便整天如此。她把一个形象健美的明星照片贴在墙上，只是头部切换上自己的照片。一段时间之后，她发现自己和图像越来越符合了。她开始变得自信，喜欢上了运动，成功减掉了20公斤的赘肉。

接着，她找到了一份销售员的工作。她幻想自己成为顶尖销售员。没多久，她做到了！后来，她决定转到广播电台做销售，于是她开始幻想自己在某特定的电台做事。但事实上，电台的经理不愿见她，并一再以没有空缺搪塞她。但意志力越来越坚定的朗托斯没有因为任何的"No"而退缩。她在电台经理办公室正对面搭棚露营，直到这位经理肯见她为止。最终，她在那里找到了一份不错的工作。

朗托斯是所有渴望成功的人的一个很好的榜样。我们在她身上可以得到这样的启示：如果你想成功，就必须先有成功的欲望，时刻都给自己进行肯定、正面的自我宣传，不断地进行自我教育和自我塑造，你就会走上成功之路。

日本顶尖销售高手柴田和子说："要成为一个顶尖推销人员，就要有欲望，有'这个月要达到这个目标'的欲望，拥有

'要成为众人楷模'的欲望，'要满足欲望'的欲望。"

有一个销售员叫大卫，他一直都保持着不错的业绩，但是有一段时间，他的业绩却一直走下坡路。为了让大卫尽快振作起来，销售经理教给他新的方法，甚至帮他联系一些很有潜力的客户……但所有这些努力和尝试都无济于事。不得已的情况下，销售经理对他下了最后通牒：在10个客户中，至少要做成3笔交易，否则走人。

销售经理对他说："大卫，你知道自己的业绩为什么会越来越差吗？因为你的心里没有了成功的欲望。从今天起，你就在心里对自己说'我今天一定能做成一笔生意！'不管你在干什么，你都要不停地在心里说这句话，还要带着感情去说，自信满满地说。"大卫按照销售经理说的去做了，他不断在心里重复这句话，希望它变成一种对成功的强烈欲望和坚强的自信。

与客户见面的时候，虽然客户从一开始就摆出一副拒绝的姿态，但是大卫见多了这样的情形，一点也不感到奇怪。这时的大卫在心里依旧重复着那句话，"我今天一定能做成一笔生意"再也没有像以往那样变得消极起来。在这样的心理暗示下，他用更加热情和积极的心态去介绍产品，用更加坚强的自

第一章　你卖的是什么

信心去感染对方，最后，客户和他签下了订单。他的成功就源于他重塑了成功的欲望。

成交在于销售自己

作为销售人员,要想变消极等待为积极争取,加快自我目标的实现,一个最不可忽视的手段就是积极地推销自己。常言道,"勇猛的老鹰,通常都把他们的利爪露在外面"。这其实正是人们在积极地表现自我的一种写照。

大凡精明的生意人,都想把自己的商品待价而沽,为了达到这个目的,他们就要先吸引顾客的注意,让他们知道商品的价值。人何尝不是如此呢?《成功地推销自我》的作者E.霍伊拉说:"如果你具有优异的才能,而没有把它表现在外,这就如同把货物藏于仓库的商人,顾客不知道你的货色,如何

第一章　你卖的是什么

叫他掏腰包？各公司的董事长并不能像X光一样透视你大脑的组织。"因此，积极而最容易成功的方法就是自我推销，这样一来，才能吸引他们的注意，让他们认识你的能力，从而信任你，愿意与你合作。

那么，到底该如何推销自己呢？

1. 将期望值降低一点

人有百种，各有所好。假如你投其所好仍然说服不了上司，没能被对方所接受，你应该重新考虑自己的选择。倘若期望值过高，目光盯着热门单位，就应该适时将期望值下降一点，还可以到与自己专业技术相关、相通的行业去自荐。美国咨询专家奥尼尔如是说："如果你有修理飞机引擎的技术，你可以把它变成修理小汽车或大卡车的技术。"

2. 要学会表现自己

青年人大都喜欢表现自己，但如果表现不好，就容易给人一种夸夸其谈、轻浮浅薄的印象。因此，最大限度地表现美德的最好办法，是你的行动而不是你的自夸。所谓"桃李不言下自成蹊"，就是这个意思。也许你会说："我数年埋头苦干，兢兢业业，却默默无闻。""现在是干的人不香，说的人飘香。"如果你尝到这种苦头的话，那么，证明你缺乏干的艺术

和说的艺术。请你自问一下，别人不愿意做的事情，是否领导都了解？靠别人发现，总归是被动的。靠自己积极地表现，才是主动的。成功者善于积极地表现自己最高的才能、德行，也善于处理各种各样的问题。他们不但表现自己，也积极吸收别人的经验，在展示才华的同时获得谦虚的美誉。学会表现自己吧——在适当的场合、适当的时候，以适当的方式向你的领导与同事表现你的业绩，这是很有必要的。

3.另辟蹊径，与众不同

这是一种显示创造力、高人一等的自我推销方式。款式新颖、造型独特的产品常常是市场上的畅销货。见解与众不同，构思新奇的著作往往供不应求。独特、新颖便是价值。物如此，人亦然。他人不修边幅，你则不妨稍加改变和修饰；他人好信口开河，你最好学会沉默，保持神秘感，时间越长，你的魅力越大；他人总是扬长避短，你可试着公开自己的某些弱点，以博得人们的理解与谅解；他人自命清高，孤陋寡闻，你应该尽力地建立一个可以信赖的关系网；他人虚伪做作，你要光明磊落，待人坦诚；他人只求可以，你则应全力以赴，创第一流业绩；他人对上级阿谀奉承，你却以信取胜。倘若你愿意试试以上方法来表现自己，就一定可以收到异乎寻常的效果。

第一章　你卖的是什么

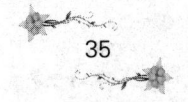

4.适当表现你的才智

一个人的才智是多方面的，假如你是想表现你的口语表达能力，你要在谈话中注意语言的逻辑性、流畅性和风趣性；如果你要想表现你的专业能力，当上司问到你的专业学习情况时就要详细一点说明，你也可以主动介绍，或者问一些与你的专业相符的新工作单位的情况；如果你想要让上司知道你是一个多才多艺的人，那么当上司问到你的爱好兴趣时就要趁机发挥，或主动介绍，以引出话题。如果上司本身就是一个爱好广泛的人，那么你可以主动拜师求艺。

至于表现自己的忠诚与服从，除了在交谈上力求热情、亲切、谦虚之外，最常用的方式是采取附和的策略，但你尽量讲出你之所以附和的原因。上司最喜欢的是你能给他的意见和观点找出新的论据，这样既可以表现你的才智，又能为上司去说服别人增加说理的新材料。如果你实在想表示与上司不同的意见，不妨采用《史记》中"触龙说赵太后"的迂回的办法。

5.最大限度地表现自己的美德

人是复杂的，多面的，既有长处，也有短处；既有优点，也有缺点。如何扬长避短，最大限度地表现自己的美德，这是现代

青年人必备的素质。聪明人能够使自己的美德像金子一样闪闪发光，具有永恒的魅力。你是否最大限度地表现了自己的才能和美德呢？这可是成功的一大秘诀，它有利于丰富你的形象，有利于你事业的成功。如何最大限度地表现自己的美德呢？请记住"尽善尽美"四字。马尔腾认为："事情无大小，每做一事，总要竭尽全力求其完美，这是成功的人的一种标记。"

人们都想得到一个较高的位置，找到一个较大的机会，使自己有"用武之地"。但是，人们却往往容易轻视自己简单的工作，看不起自己平凡的位置与渺小的日常事务。而成功者即使在平凡的位置上工作，也能做得十分出色，自然也就能更多地吸引上级的注意。成功者每做一事，都不满于"还可以""差不多"，而是力求尽善尽美，问心无愧。他们的任何工作都经得起"检查"。他们的美德，就是在一件件小事中闪闪发光的。

当然，展现自己美德的同时，还要掌握一个度的问题。表现自己而又恰如其分，这既是一种能力，也是一门艺术，它往往体现一个人的修养。

作为推销员，我们必须把推销当成自己的事业来发展，我们要相信自己的产品是最好的，相信自己的产品能够真正解

第一章　你卖的是什么

决顾客的问题，相信自己的产品是物超所值的，这样我们才可以在推销事业中稳步上升。一切销售都是从自己使用的产品开始。

在推销过程中，我们推销人员必须具备自己产品的专业知识，如果你没有专业知识，你的推销技巧再好也无法成功。我们在了解自己的产品专业知识同时，还要更多的了解竞争对手的产品知识。充分了解对手，也是自我成功的一个重要因素。

在拜访客户时，当我们说到自己的产品时，很多人就不知道该从何说起，使得开场白苍白无力，无法引起客户的注意，所以我们要注意产品的介绍方法，最大可能地吸引客户的注意力。在介绍产品之前，要多想想顾客为什么不买其他竞对手的产品，而一定要买我们的产品，即怎么去证明我们的产品是最好的。只有解决了这个问题，你才能从容应对客户，做好自己的产品介绍，最后与客户达成交易。

为了使销售工作做得全面，万无一失，在销售过程中，你应该遵循以下七个步骤。

1.寻找潜在雇主

潜在顾客，就是指那些有购买意图的潜在的买主。

（1）明白自己的优缺点。每个人都有优点和缺点。善于发

现自己的优点，并把缺点变成优点的人一定是成功的人、了不起的人。所以，我们要坚信"天生我才必有用"，相信自己就是一块闪光的金子。只要用心，你总能发现对方需要点什么。

（2）我们要做的是寻求目标企业的资讯。查找感兴趣行业的相关媒体，如报纸、杂志、会刊、互联网网站（招聘网站）等等，你可以找到这个行业的发展前景和企业间的竞争状况。通过有关企业及有关人员招聘广告、人才交流网站，亲戚、朋友或商业熟人获取信息，告诉他们你希望从事的工作类型或者你的目标企业的名称，看看他们会提出哪些建议。

（3）寄出产品说明书。你可以通过电话联系或者寄出产品说明书，这时的产品说明书叫个人简历。你的简历最好由专业人士撰写，这样，你的简历可能从众多竞争者的简历中脱颖而出。此外要记住，很多雇主会仔细研究推荐信，所以，除非你真的有市场营销或管理方面的学位，否则，不要在信上杜撰这样的内容。

有一个建议适用所有的销售情景：在进入销售循环的任意一个环节之前，必须设身处地从他人的视角来考察一下所要进行的销售。我们必须跳出自己的局限，通过买主或潜在雇主的眼睛来观察事物的全局。

第一章　你卖的是什么

2.初步接触

被面试者都希望自己表现自然,与面试者相处融洽。如果你心理窘迫,除非你是优秀的演员,否则你的窘迫也会使面试者不自然,这时候面试双方都很难克服这种紧张情绪。如果不战胜紧张心理,就会进入机会"失去——再失去"的恶性循环。不仅你失去了机会,而且面试者也可能丧失了一个有才能的人。

(1)第一印象非常重要。如果你不能确定何种着装时,不能穿着太保守。不要穿着太寒碜,这样会使你的面试者得出你非常需要这份工作的结论。在潜在的雇主思维里,寒碜的外在表现意味着不良的工作习惯。另外,如果这份工作报酬并不十分可观,不要穿着价格昂贵的名牌套装,否则会给面试者留下你并不需要这份工作的印象。天知道,面试者是否对香水的气味过敏!所以选择香水时要慎重,不能太浓烈,气息以细微精致为佳。

(2)女士们要特别注意面试时佩戴的首饰。如果你佩戴诸如钻石首饰,让人分神那就太糟了。你希望他们记住的是你的能力和专业素质,不希望对你有"我们面试的这位女士的穿着真滑稽"这样的印象吧。此外,在面试的时候,需要陈述以

往的工作经历和生活经历,表明你善于沟通,富有团队精神。

3.资格评估

评估就是确定对方是谁、他们做什么、他们如何对待员工以及这些问题的答案是否让你满意。所以,你必须明确你是否有资格从事这项工作,以及对方是否符合你的要求。

你应该在同意面试之前进行评估工作,这样,会节省双方大量的时间和精力。在申请环节进行一些评估以判断你是否真正需要这份工作。如果没有进行预评估,在面试的时候可以提几个问题,判断你与企业是否匹配。建议你至少提出五个问题来帮你判断潜在的雇主能否为你提供满意的工作环境。

我们不妨从以下两个方面进行评估。

(1)生存。企业给予销售人员的基本条件——让销售人员有业务可做。没有谁会相信没有业务可做的销售人员能够生存下来。

学会站在客户的角度看待一个目标企业和他的产品线,如果产品不具备一定的竞争优势,而企业又缺乏研发能力和资金实力,那么这类企业也是危险的。不知从什么时候开始,你好像掉进烂泥坑里了——拿出去的产品理都没人理,甚至还遭人白眼。

第一章　你卖的是什么

销售人员的待遇一般是由底薪＋提成组成，算算你的食宿、电话等基本开支，结合我们所获得的资讯，企业的其他销售人员是处于"危机"状态还是"勃发"状态；企业的业务是上升还是下降，原因是什么？如此一分析，你就知道可不可以加入这个企业。

（2）发展。有这样一类销售人员，待遇不低，业绩也不错，但市场成熟以后，企业的扩大再发展能力却又跟不上，因为企业的新产品开发能力低下，造成优秀的销售人员无事可做的局面，表面上工作很轻松，实际上却离自己的发展越来越远。

要想判断一个企业的发展前景，首先就要考虑人的因素，因为企业是由人组成的，它是判断企业发展前景的最重要因素。企业在不断发展过程中形成的决策班子和管理班子是决定企业发展的核心因素。其次，要比较市场占有率、发展速度、企业规模，判断企业的经营能力。再次，要看这个企业的士气高低，从中可以看出企业激励机制的效果，凝聚力可以看出企业领导者的魅力；培训、工资待遇能看出企业给予员工的发展空间。

此外，培训是检核一个企业是否积极发展的重要因素，一个正常发展的企业需要不断培养自己的队伍，只有壮大自身的

力量，企业才会长期稳定的成长。充分了解一个企业的培训状况是你选择和企业共同发展的重要指标。

4.现场讲解与示范

你的产品——也就是你自己应该有最佳表现。可以面对家人或亲密的朋友回答面试中常见的问题。列出你具有这份工作要求的必备品质，努力将这些优秀品质贯穿到问题的回答中去。一些行业范围非常小，像IT行业，总有一部分人不断地跳槽。你需要强调，你与他们不同，你在寻找长期发展的机会，为了取得成功，你愿意付出长期的努力。

虽然工资和待遇对你至关重要，但面试的时候，千万不要涉及这些问题。在销售自己的时候，你所做的应该向他们表明你的资格，你的工作将使他们获益。如果你集中表现你可为企业作出某种贡献，那么企业赋予你的待遇会很自然地随之而来。

5.隐忧的表述

你怎样处理有可能被提出的对你有消极影响的事实呢？你应该用简洁的语言、平和的口吻加以解释。如果你申请的是巡回市场的工作，你就必须在工作与照顾祖母之间进行权衡。如果你在面试时回避类似的问题，就很可能在开始工作以后面临一些麻烦。我建议学生以恰当的方式将你的隐忧向未来的老板

第一章　你卖的是什么

表述清楚。

6. 成交

在隐忧表述清楚以后，成交就会变得自然而顺利。如果他们没有提供你所需要的工作，你可以向他们请求。请求就如询问"我什么时候可以开始"这么简单，所以不必为此惴惴不安。如果你自信你的能力确实为他们所需要，通过说服你会获得应得的职位。

7. 寻求推荐

也许限于某种原因，尽管你已表现得很好，也得到了领导的赏识，但是你和面试者都认为这份职位并不完全适合你。因此，你就有必要花一点儿时间，请求面试者利用他的人际关系为你寻找、推荐恰当的工作，就如第一步中所提及的那样。也许公司中其他部门有别的职位比较适合你，或者面试者认识其他公司的人事经理，总之，你必须积极主动，千万不要让自己错过任何一次可能做得更好的机会。

第二章

销售要用心

第二章　销售要用心

真诚地对待客户

对于销售人员来说，真诚是一种必不可少的品质，没有哪一个客户会喜欢那种非常功利的推销员。

郭小刚是一家做太阳能热水器公司的推销员，一天，他到王小姐家进行推销。王小姐平时最不喜欢接待推销员，所以，虽然接待了他，但是态度并不好。当郭小刚向王小姐介绍自己的商品时，王小姐只是静静地听，也没有什么问题，但是却表现出一副若有所思的样子。郭小刚看出王小姐是一个比较精明的人，她现在是对一个陌生的推销员有所怀疑，肯定担心自己上当受骗，而且，她肯定也对产品心有疑虑，试图找出自己的

破绽。

郭小刚心里暗自庆幸，因为之前也遇到过这样的顾客，于是，为了解除客户的顾虑和疑心，他非常真诚地说了一些很实在的东西，把产品的一些试验数据、销售状况、顾客的评价等向王小姐简单介绍了一下。听了郭小刚的介绍，王小姐才对该产品有了一些兴趣，而且开始问一些自己关心的问题。

郭小刚热情地解答了王小姐的疑问，并且结合王小姐的实际状况，分析了其使用的合适度，而且，郭小刚还承诺王小姐可以免费试用10天，让王小姐真切地感受到自己的诚意。最终，王小姐非常高兴地买下一台太阳能热水器。

销售人员应该认识到，顾客在购买时小心翼翼，对商品要精挑细选的最终目的，就是想要买到货真价实的东西，避免上当受骗。如果销售员能够以诚恳的态度帮助顾客解决自身的各种疑问，顾客就会对产品产生兴趣，进一步了解之后，可能就会产生强烈的购买欲望，最终放心地购买。所以销售人员应该正确看待顾客的审视，不必要感到窘迫，以一种真诚的态度，热情而友好地面对，一定会达成交易。

没有真诚就没有亲和力。如果你想成为一个王牌销售者，

第二章 销售要用心

想要获得超强的亲和力，想在销售领域大有作为，那么你就必须具有真诚的美德。其实，真诚不仅仅是表面上的热情、善解人意，仅仅靠这些也不可能为自己赢来亲和力。因为你表面上的亲切和热情并不能使客户完全放松，只有真正真诚的才能让客户产生信任，才能让客户愿意与你合作。顾客往往最在乎的就是销售员和他推销的产品的可信度，所以，销售员应做的就是，尽量用真诚的态度和货真价实的商品消除顾客的疑虑，当顾客确认没有问题之后，自然而然就会达成交易。

客户都有自己的心理防线，销售人员只有拿出真诚这一最有力的武器才能冲破这一防线，赢得客户的心。当准客户参加推销员的产品推介会时，由于处于陌生的环境中，客户自然会感到紧张，再加上周围的人都很陌生，准客户的心理防线更会加固。这时，推销员就必须拿出自己的真诚，帮助准客户缓解这种紧张感，让他们适当地放松，慢慢适应陌生的环境。

某保险公司的王牌营销师曾说过"做事先做人。"顾客在购买你的产品之前，首先要认可你这个人。为什么会有那么多的推销员深受顾客的喜爱？原因就是他们能够站在客户的角度考虑，多付出那么一点。他们待人真诚，让人觉得值得信任。

海尔有一个很著名的广告语——"真诚到永远"。对此，

海尔总裁张瑞敏解释说："一个企业要永续经营，首先要得到社会的承认、用户的承认。企业对用户真诚到永远，才有用户、社会对企业的回报，才能保证企业向前发展。做百货零售生意也一样，只要零售商对顾客真诚到永远，那么他的生意就一定能永久红火。"海尔电器之所以能成为世界品牌，就像广告词里讲的"真诚到永远"。争取回头客向来为各大小商家所追求，但只有做到诚实守信，客人才会源源不断地光顾，生意才会越做越大。

无可厚非，获取最大的利润是商人的最高目标。正因如此，有些商人急功近利，就成了奸商，这不但害了顾客，也断了自己的后路。

比如，有一个大学生买了一台知名品牌的笔记本电脑，结果没有使用一个月就出现了故障，送到客服中心进行维修，客服人员说主板坏了，需要返厂更换。20天后，这个学生取回电脑，使用时还是不行，经过仔细查看发现并没有人给这台电脑更换主板。

产品出现故障是一件正常的事情，但是，客服中心在售后服务上如此敷衍，造成客户的不满，严重影响了自己的信誉，不但失去了回头客，还严重影响了客户的广告效应。真诚是经

第二章 销售要用心

商的基础。因此，客服中心应该认真地对待，真诚对待。

同样的道理，除了每个人的自身能力之外，因为对真诚的认识不同，所以才会有赚得盆满钵满的人，才会有不赚不赔的人，有的人却亏得血本无归。经商，追求利的确很重要，但俗话说得好，"君子爱财，取之有道"，你必须讲究方法和策略。如果你不遵守经商之道德，耍小聪明，贪图眼前利益，失信于人，最终必将会为此付出沉重的代价。

真诚是最好的提升销售能力的武器。只要你对客户足够真诚，你就能打动客户，赢得客户的心，获得丰厚的回报。慕思健康睡眠形象大使的真实经历恰好证明了这一点。

最初加入慕思公司时，他只是一个健康睡眠顾问，主要工作就是在一线专卖店直接面对顾客，在接待顾客的过程中，首要的一点就是要把顾客当朋友。当他全心全意地真诚对待客户之后，总能得到相应的回报。那时候，他相信人都会有感动之心，只要真正的做到对客户好，就一定会得到客户的认可，甚至可以和客户成为好朋友！

随着工作时间越来越长，他还是意识到，其实工作就是靠一点一滴积累起来的，也许有一天，不经意间和一个顾客的闲

谈就促成了一笔成交，然后接下来的就是转介绍，就是更多的成交。

由于顾问直接面对顾客，所以，接待过程中要回答顾客提出的一些专业知识，他开始不断学习，平时也十分注意积累，踏踏实实的做好平时的小事，再用真诚的行动来打动顾客。所谓"知己知彼，百战不殆"，那时候，他除了要不断积累和丰富专业知识外，还需要熟知同行的产品特点，而后才能准确把握消费者心理，更好地凸显出慕思产品的优势。

他说："在推销产品的同时也是在推销自己，更准确地说，我们是先向顾客推销自己，继而才向他们推销产品。只有当顾客认可了你，你的产品才有机会被客户认可。所以，要让顾客认可产品，实际上也就是让顾客认可自己。"

因而，在与顾客接触的过程中，他必须充分发挥自身的潜能，给顾客留下深刻的印象，让顾客体会到绝对的信任感和亲切感，用热情与自信打消顾客的紧张情绪，让顾客放松，让工作过程成为好朋友间拉家常式的交流，如果在这个过程中能让顾客多笑几次，制造一个欢快的氛围，那么你销售成功的概率

第二章 销售要用心

就会增大几倍。迄今为止,他在慕思做了好几年了,已经从当年的健康顾问变成了公司的中流砥柱,这些与他的真诚是分不开的。

从事销售行业,最基本的商道是真诚,最难得的品质是真诚,最重要的准则也是真诚。只有当客户感受到你真诚的关怀、诚心的尊重,销售才有成功可言。

销售是一门艺术,不同的人有不同的销售方法和技巧,但是,万变不离其宗,只有适合自己的方式才是最成功的方式。当然,无论你以怎样的方式去销售,真诚是无论于何时何处都必不可少的。

真诚是销售最得利的法宝,广大销售人员只有把握好这件利器,才能把工作做好,从简单的生活中获得无限的快乐和满足,当你用心投入,细心观察,诚心对待每一个客户的时候,你会发现,生活原来如此美好。

赢得顾客信赖

据美国纽约销售联谊会统计,71%的人从你那里购买,是因为他们喜欢你、信任你、尊重你。一旦顾客对你产生了喜欢、信赖之情,自然会喜欢、信赖和接受你的产品。反之,如果顾客喜欢你的产品但不喜欢你这个人,买卖也难以做成。并且,推销员只有"首先"把自己推销给顾客,顾客乐意与推销员接触,愿意听你介绍你所要推销的产品,才会为推销员提供一个推销产品的机会。在销售活动中,人和产品同等重要。顾客在做出购买决定时,不仅看产品的质量、功用,而且还要考虑推销员这个人。

第二章 销售要用心

但是在销售实践过程中，一些销售人员根本就不懂这个道理，见了顾客张口就问"买不买"，闭口就问"要不要"，让顾客觉得你很唐突莽撞，这样的生意十有八九是做不成的。所以，销售人员要想赢得销售成功，首先必须赢得顾客的信赖。你要知道，这是一流推销员必须具备的技巧，也销售界最高明的赢得人心的销售策略。

面对客户的拒绝，销售人员不要立刻就表现出不满愤怒，或者退却放弃，而是要冷静地分析原因，其实，很多时候，客户嘴中的"不"是由于客户在不了解或未经过深思熟虑的情况下说出的，带有很大的盲目性。也就是说，这样的客户已具有一定的购买欲望，只是注意力并没有集中在你的产品上，对你以及你的产品缺乏足够的认识，信心不足。此外，还有一种是隐蔽性的拒绝，这是客户出于某种心理需要，不愿出说真正原因，而用别的借口加以掩饰。比如，经济上承受不了，但又不愿明说；缺乏一定的了解，又不愿意显示自己知识的缺乏；对产品或服务的印象欠佳，但又怕引起争执等。

针对一般性拒绝的客户，推销员应以热情而负责的态度，给客户一个值得信赖的印象，让客户先接受你，给你一个介绍产品和自己的机会，讲解更多有关的产品的知识，特别是针对

客户的疑虑,进行有针对性的解释说明,必要时还可以进行当场演示,以增强客户对产品的认识和信心。同时,还要允许客户做一些初步了解和分析,让他了解产品的性能、特点、价格等方面,就会知道这种产品是否可以满足自己的要求,因而做出买或不买的决定。

而针对隐蔽性拒绝的客户,推销员应尊重其心理需要,引导其说出真正的原因,以便及时调整销售策略。无论客户是对产品不满意,还是对你本人不满意,你都要表现你真诚可信的一面,给客户值得信赖的感觉,让客户对你放心,进而消除对产品的顾虑。对这类客户,销售人员不要与他们过多争论拒绝的理由,但也不能盲目附和,而应信心十足地说明产品的保障价值和补偿性能,增强客户的信心。

总之,推销员要想更快更好地提高销售业绩,不但要掌握足够多的销售技巧和策略,还要做一个真诚值得信赖的人,只有你先赢得客户的认可,接下来产品才有赢得认可的可能。

第二章　销售要用心

寻找潜在的客户

销售人员都知道，销售产品的最大前提就是找到买产品的人，你的潜在客户越多，准客户就越多，成交的可能性就越大，业绩的提升也就越大。如果你找不到潜在客户，即使拥有再高推销技巧，懂得再多销售真经也不会取得一点儿成绩。所以，找到潜在客户是销售的重要前提。

对于销售人员来说，潜在客户就是你的财富之源。那么，如何才能寻找到有效的潜在客户呢？

茫茫人海，潜在客户无所不在，你每天都会接触很多的人，会和形形色色的人打交道，在电梯里，在公共汽车上，在

餐厅里,等等,请留心与他们接触以及认识的机会,因为这些地方的人都可能成为你的客户。所以,在开始你的销售之前,推销员必须懂得如何去寻找潜在的客户,并最终将潜在客户变成真正的购买者。

销售人员要赢得生意,首先要赢得顾客的好感,每一个推销高手都是善于把握顾客心理的高人,他们懂得从沟通顾客感情入手,为自己筑起推销成功的道路。

有一座大厦需要几万平方米的地毯。对于这样一笔价值几十万元的生意,全国几十家地毯厂都盯上了这块肥肉,纷纷派人前来推销,希望可以吃个满嘴流油。

其中,有一位推销员带着礼品去敲顾客的门。出乎意料的是,当一位老者开门看到他手中拿的东西,就将他拒之门外。推销员百思不得其解。第二天他知道这位倔强老头是一位"老革命",一身正气,两袖清风,对社会上的不正之风深恶痛绝。他好为人师,常教导青年人"革命的路该怎么走"。

在了解到这些情况后,推销员又再去拜访顾客,这次他两手空空,见到顾客后说,我是一位刚参加工作的青年人,在工作生活上遇到许多困难不知该怎么处理,您是老前辈、老革

第二章 销售要用心

命,有丰富的阅历,今天特来向您请教。"

一席话下来,老人听得心花怒放,十分高兴,忙请推销员坐下,然后"痛说革命家史",讲自己当年过五关斩六将、南征北战的光荣历史。老人侃侃而谈,推销员洗耳恭听。"话到投机情便深",两个人成了忘年交。可想而知,这笔生意也就做成了。

对推销员赢得顾客好感而言,"如能投其所好,你就掌握了他"这句话就是至理名言。

喜欢钓鱼的人都知道,不同的鱼有不同的喜好,如果用一种诱饵,根本就不可能钓到所有的鱼。同样的道理,对于销售人员来说,用同样的思路和方法去对待所有的客户也是不可能取得成功的。在进营销售的过程中,出色的推销员总是会找出"鱼"的差别所在,然后将他们分门别类,将客户按照一定的条件进行分类,继而使用不同的诱饵,最终各个击破。

当然,把客户分类并不是一件容易的事情,尤其是对于一个销售新人来说,更是难上加难,好比大海捞针。但即使真的是大海捞针,销售人员也必须做到,因为对于推销员而言,在开始销售的时候对客户进行分析是必需的,因为客户分析的环节对于挖掘潜在客户具有很高的价值,也是将潜在客户分类,

推销员将会得到一个较大的潜在客户群体，可以获得对于此类客户最基本的行动纲领，但是这个群体中的每个个体最终成为消费者的可能性却是各不相同的。因此有效地筛选客户，挑选出其中最有可能成为现实购买者的客户进行重点主，才能做到发最小的投入获得最大的产出。只有把客户分析明白，才能"对症下药，引起上钩"。为了减轻销售人员的工作压力，下面为大家介绍一种比较常见的客户分类法，一般来说，按照潜在客户的三个主要条件，销售人员可以把客户分成以下几种不同的类型：

（1）理想的销售对象：有实际需求、有购买能力、有决策能力。

（2）优先发展的销售对象：无实际需求、有购买能力、有决策能力；有实际需求、无购买能力、有决策能力。

（3）可发展的销售对象：无实际需求、无购买能力、有决策能力。

（4）可利用的销售对象：有实际需求、有购买能力、无决策能力；无实际需求、有购买能力、无决策能力；有实际需求、无购买能力、无决策能力。

（5）基本无用的销售对象：无实际需求、无购买能力、

第二章　销售要用心

无决策能力。

　　有了以上这种分法做参考,销售人员在具体工作中也会轻松很多。总而言之,销售人员在进营销售之前,应该尽可能多地找到鱼,然后再将所有的"鱼"进行分类,进而采用不同的诱饵来引导鱼上钩,只有这样做,才能做到充分利用潜在客户,达到事半功倍目的。

找到买方的决策者

在销售心理交战中,有一个非常重要的环节——挖掘出买方的决策者。在销售心理学中,备好推销工具、熟知产品性能、掌握销售技巧以及找准沟通对象,是决定交易成败的四个要素。要想获得销售的成功,这四点缺一不可。

在销售过程中,销售员除了提高自身的销售能力外,还要增强分辨能力,找到真正具有决策权的购买者。罗伯特·马格南说过:"如果你想把产品卖出去,就得去和那些有购买决策权的人进行谈判,否则,你只会徒劳无功。"

销售员:"张总,您好!不好意思打扰您了!我是某某,

第二章　销售要用心

我在网站上与您的销售员进行过交流，他们都是具有较高素养的员工，透过他们，我觉得您的公司一定是个积极向上的公司。但在交流中，我发现他们对如何有效运用销售技巧还存在一些困惑。所以，今天我打电话来的目的是告诉您一个可以提升员工销售技巧的网站，您看我怎么把网址给您呢？"

张总："是什么网站？"

销售员："XX网站，这是国内目前最专业、最权威的网站，里面有很多关于企业管理和营销理念的信息交流。一些知名销售专家也经常做线上讲座，我相信对您及您公司一定有帮助的。"

张总："好，一会你发到我的邮箱里吧。对了，你是与我们公司哪位销售员沟通的呢？"

销售员："哎哟，张总您这个问题可真是难倒我了，大家在网上使用的都是网名，不是特殊情况或者是熟人的话，我们一般不太方便询问对方的姓名。不过，这也不重要，对吧？张总，如果您看过这个网站后觉得还不错，我希望您可以推荐给您的销售员。"

张总:"好,你发到我邮箱里吧。"

销售员:"好的,张总,我马上就发。对了,您看您还需要些这方面的其他资料吗?我可以一并提供给您!"

张总:"不用了,谢谢!"

销售员:"好,那谢谢您刘总,祝您工作顺利!再见!"

从这个案例中我们可以看出,只有找出真正的决策人,才能尽快做成生意。古语云,"射人先射马,擒贼先擒王",只有找到真正起决定作用的人,具有实际意义的销售沟通才能展开。但是,我们都知道,由于现在分工过细,很多时候,找到决策者是一个复杂的过程,销售员也许需要和许多人打交道。这些人可能在一个水平层面上,也可能在一个垂直层面上,也可能更复杂。有些客户即使是决策者,也不会主动告诉销售员他就是你要找的人;而有些人即使自己不是决策者,也会在销售人员面前混淆视听,过一过决策者的瘾,但最后根本就做不出任何决定,白白浪费销售人员的时间。所以,销售员要学会如何在沟通过程中,尽快找出决策者。现在介绍如下几种方法:

1.对比参考法

虽然在不同的行业,采购流程和关键人会有所不同,但在同一行业里总是相同或者相近的。销售员可以参考其他同类行

第二章　销售要用心

业的客户公司的经验，也可以从有行业经验的朋友那里找到方法。通过参考对比，找到目标客户的购买决策者。或者从高层开始，纵向寻找决策客户。如果你被弹落到下一层面，说明你的跟进工作已经得到了高层的初步认可。

2.筛选出隐藏决策者

销售员要分析客户隐藏自己决策权的原因，然后运用合适的方法证实客户是否起决定作用，从而促进交易的完成。在销售过程中，有些客户会直言自己不是负责人，在销售的开始就表明自己没有决策权。这时销售员就要运用帅选法，仔细辨别客户言辞的真假。持这种态度的客户，不见得就真的没有决策权。

销售员可以在沟通的过程中，巧妙地向客户询问：谁是真正起决定作用的人物。但要避免冒昧和唐突。如果客户不具有决策权，他一般会把决策者告诉或介绍给销售员。如果客户对相关的核心问题比较关注，对具体的问题了解得十分详细，那么他很可以就是决策者，或者他是一个对决策者有影响力的人。

3.了解客户的组织结构

辨别客户是否具有决策权其实很简单，尤其是对于那些有经验的老销售员来说，解决这个问题更是易如反掌。在进行客户拜访前，他们会先了解一下客户所在的企业，包括它的组织

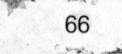

机构和决策流程。这样，一方面可以帮助销售员找到真正的决策人或是关键人物，另一方面可以帮助销售员找准切入点，在销售沟通中有的放矢、事半功倍。当然，如果你的目标客户是公司的老客户，那么以前的沟通记录会给你提供相关的行业信息，给你找到决策者带就来了很大的便利。即使客户公司的人员已经更换，但相应职位的人员可能仍然还是决策者。另外，你还可以从客户公司的宣传册、网站介绍以及客户头衔等信息中，大致判断出目标客户的职责。

第二章　销售要用心

胜利需要主动与坚持

　　勤奋固然重要，然而一味地埋头苦干而不讲究方法也是不可取的，往往是事倍功半。

　　张洋是紧靠我们公司的一家图书营销公司的销售人员。我每天早上都会提前一个小时到一个半小时来公司，当我快到公司的时候，都会看到他急急匆匆地背着大包小包的东西往外赶。很多的时候，因为我有一些事情需要加班，离开公司的时间也较晚，当我走出这栋大厦的时候，也会迎面遇上风尘仆仆、带着满身的疲惫归来的张洋。说真的，在还没有完全了解他的时候，我便被这个早出晚归的小伙子所吸引住了。甚至在想，如果

我们世华所有的同人都有着这样的敬业精神该多好啊。

有一次，在乘坐电梯的时候，我恰好遇到了张洋的销售主管。我不由好奇地说起了那个给我留下很深印象的销售人员。当我将心中所要说的赞许话语说完后，没想到的是对方竟然哈哈大笑起来。

"你说的是他啊！你真的欣赏他吗？你知不知道，他可是我们公司里销售业绩最差的一个，他充其量也就是能够待到这个月底。"主管说道。

我感到有些吃惊，说真的，我不敢相信像张洋那样敬业的业务人员竟然会是公司里面销售业绩最差的。我没有再说什么，只是礼貌性地点了点头，离去了。

再次遇到张洋的时候，我主动问道："我听你们主管说，你的销售业绩不怎么好，是吗？"

他认识我，也知道我是做教育训练的，在听完了我的话之后，他不好意思地笑了笑，嘴唇挪动了半天，却没有说出任何的话。

我说："我们能聊聊吗？告诉我你的一些情况，或许我能够给你一些帮助呢？"

第二章 销售要用心

他犹豫了片刻，说出了他在实际的工作中所遇到的一些情况。亲爱的读者朋友们，你们猜想一下他是怎样面对客户，怎样去向客户推销图书的吗？

表面上看来，他确实相当勤奋，似乎无时无刻不在为能够销售出图书而奔跑。可是，他所做的一切都像是蜻蜓点水一样，当遇到了客户的拒绝之后，就立刻转移，去寻找下一个目标，他的销售目的是为完成公司的任务不被开除，能拿到底薪和提成。

在现实生活中，像张洋这种状态的销售人员很多。他们在与顾客接触的过程中，不依靠任何技巧，所做的一切就像是古代的忍者一样，心存侥幸，单纯依靠自身的毅力，凭借自己的双脚奔波行走，从来不知道主动去刺激客户的消费欲望，而是在被动地等待客户自身的需要，自动地购买。我习惯将这种销售人员称为销售行业的忍者。像这样的销售人员是很难取得很好的销售业绩的，也不可能有很好的发展！仔细地想想，你在营销过程中是否和张洋有相似的心理呢？

优秀的销售人员是一个客户多种方法，而有的销售人员却是一个方法多个客户。希望通过这个故事能给读者你有所启发。

凭智慧做销售

凭借一个点子和良好的沟通能够促成对方产生购买动机，一般的销售人员能做到这点就相当不错了。

有一位叫陈晓的青年，一次，他在一家豪华酒店租赁了一个大厅，推销他的牛角梳子。在开始的时候，他并没有直接向大厅里的客户推销牛角梳子，而是从与大家分享的角度上介绍这方面的信息。他用语言煽动了在场人的购买热情，很多人当场就要购买，他并没有因此而感到惊喜，而是抱歉地告诉大家，他并没有这类牛角梳子出售，也不会去出售这类的梳子。这样一来，使得在场的人们越发想要购买了，他们纷纷询问在

第二章　销售要用心

哪儿才能买到，是不是可以帮他们捎带。

顺着对方的话语，陈晓勉为其难地答应了。隔了几天之后，陈晓再次来到这个大厅，兴奋地告诉大家，他已经想办法弄到了一批牛角梳子，因为这是应他们的要求而捎带的，只收取成本费用。片刻之间，所有的牛角梳子一扫而空。陈晓达到了预期的目的。

陈晓之所以获得成功，在于他能够很好地把握消费者的心理，使用恰当的语言刺激和诱发了消费者购买的欲望。这也是销售从业人员之中巧者所惯用的方法，即靠头脑灵活和好口才而推动产品的销售。但是这种促销的持续力不强。

人格和荣誉很重要

销售人员在向客户销售产品的时候，不仅是在销售产品，而是在销售自我的人格和荣誉。这就要求销售人员在面对客户的时候，应该站在客户的角度去为客户的利益考虑，并不是像前面两种类型的销售人员，将目光关注在利益上，而是用心去帮助他们解决问题。任何一个顾客，都会喜欢和接受这样的销售人员，因为客户是在接受销售人员的基础之上，才会接受产品和所提供的服务。

我有一位叫王军的朋友，销售行业干得相当出色，我们经常在一起聊天，交流一些营销方面的技巧。记得有一次，我问他取

第二章　销售要用心

得今天这样的成就是不是有什么技巧,他很是茫然地看着我,过了半天后,才说道:"我还真的不知道自己有什么技巧。"

"难道害怕说出来被其他的人学去,影响自己的销售业绩吗?"我半开玩笑地说道。

王军坦然一笑,说:"我还真的没有什么销售技巧。如果说真话,就是我用心去做,站在客户的角度去考虑,看看我是不是真的能够帮助他们解决一些问题。"

古语说"大道无术,无为而有为",其实这句话的真正的意思,并不是说技巧没有任何的作用,而是告诉我们只有对事物有着深刻的认识,把握住了事物的本质,便是掌握了所有的方法和技巧。对于销售人员来说:"道"便是用一颗真诚的心去面对客户,设身处地地替他们考虑,所提供的产品和服务能够真正地帮助他们解决某方面的问题,以及带来某方面的帮助与享受。我每次演讲在设计课题时,总是先要用心用力地写道:下定决心,全力以赴,真心诚意地帮助别人。每一场课程的成功,跟这些发自内心的声音不无关系。

培养一个销售王者

要成为一名优秀销售王者,需要的是我们销售人员首先要正确认识销售,然后用心去感受销售的真正意义。

我的朋友中有一位叫胡杰的年轻人,他向我讲述了在工作之中的一些亲身经历,是怎样从普通一步步走向卓越的过程。胡杰所学的是电脑应用基础专业,原本在毕业之后想找一份平面设计工作,但是,天不遂人愿。强烈的市场竞争使他一时之间找不到合适的工作,在人才市场转悠了将近三个月之后,最后还是在一个朋友的介绍下来到了现在的公司销售电脑。像所有刚刚走上工作岗位的人一样,胡杰同样对自己所从事的工作

第二章 销售要用心

充满了极大的热情,并且用这种热情去面对每一个客户,向每一个客户推荐所销售的产品。遗憾的是,事实并非像是他想象的那般美好。他的热情往往遇到的是顾客冷冷的面孔。

随着客户的不断拒绝,胡杰的热情也在慢慢地减退,再也不像原来那样对客户充满了热情,从而变得异常被动。站在柜台前,像等待鱼儿自动咬钩的鱼竿,不再主动去询问客户,就是在客户有疑问时,他也爱理不理。胡杰悲观地认为无论自己怎么去向对方介绍,哪怕是耗尽了口水也是不可能改变不能成交的事实。半个月下来,一块儿进公司的人多多少少都有一定的业绩,而胡杰却没有任何进展。

介绍胡蜂进这家公司的朋友在一天下班之后和胡杰进行了一次谈话,也就是这次谈话让胡杰对销售有了新的认识。

"和你一块儿进来的同事都已经做出了一定的业绩,只有你什么都没有干成,你为什么不想想办法?反而一天到晚无所事事?"主管说道。

"你当我不想啊?可是不管我怎样努力,他们总是拒绝,我真的不知道自己的运气怎么这么差!"胡杰叹了口气说道。

"运气！你觉得是自己运气差吗？难道说其他人卖出去产品都是靠运气？难道说他们每一个人都没有遭受过客户的拒绝？难道说与他们成交的每一个客户都是在他们开口之后，就完全接受？"主管说道。

主管指出胡杰工作中存在的一些毛病，主要是没有正确地认识到销售行业的重要性，只是单纯地将现在的工作当成是一种谋生的手段，并没有把它当作是事业去做。主管最后语重心长地告诉胡杰，要想真正地做好销售，不仅仅是单纯向客户销售产品，而是要站在顾客的角度，帮助对方去处理问题，在销售产品的同时，将一颗心出售给对方。

主管的话让胡杰深思。他细细地回想近段时间的事情以及其他销售人员是怎样去做的，从而改变了自己的心态，用一颗全心全意为客户服务的心去面对每一个客户，用自己的人格魅力去影响与自己交往的每一个客户，从而让自己走出了销售的低谷。

只有在给予客户最好的服务的时候，他们才会接受最好的产品。销售在很多的时候出售的是一个销售人员的品格。品格的好坏决定了产品销售的多少；销物先销人，真心方能感动人

第二章 销售要用心

心，以心感人人心归，近心者人人近之。要想成为销售界的王者，不仅要对营销有着正确的认识，而且要在心态上能够做到很好地自我调整。

一般来说，销售王者要有着如下的认知和境界：

（1）在销售产品的时候，销售自我的人格和荣誉。

（2）和客户分享最好最新的信息。

（3）告诉对方最有价值的资源。

（4）我们是在帮助客户解决问题，给他们带来产品使用的享受。

制造与客户的不期而遇

一般来说，客户面对销售人员的时候，心中总是会有很多的疑虑，尤其是销售员登门拜访的时候，客户更是深感厌烦。根据调查和分析显示，客户会产生这种心理的因素有很多种。一方面，客户没有确定自己的购买行为，即使销售员亲自上门也不知道该怎么办，还让其白跑一趟；另一方面，担心自己面对销售员的热情服务，一时间头脑发热，做出错误的令人后悔的购买决定。

在销售工作中，最让销售人员头疼的就是碰到这样的客户。因为客户有这些心理负担造，使得他们排斥销售员，拒绝

第二章 销售要用心

销售人员的约访，非常不利于销售工作的顺利进行。但是，销售人员要想成功销售产品，就必须面见客户，只有这样才有可能说服客户，才会增加销售成功的机率。那么，有没有一种办法既能让销售员见到客户，又不让客户对自己的造访抵触呢？最好的办法就是制造与客户的不期而遇，这种看似偶然的相见，有许多巧合成分，客户的心理压力和负担也不会那么大，而且沟通的氛围也会比较自然和融洽。

苏童是某保健品公司的销售员，他一直都有一套自己的工作模式：先和客户电话沟通，商谈妥当后，再和客户面谈。

有一次，他在电话中和一个客户谈得很投机，客户对他和产品都非常有好感，而且表现出了很大的购买兴趣。在客户想深入了解产品的时候，苏童顺势对客户说："如果您方便的话，我可以随时把样品送过去给您看看。"

听到要送样品，客户似乎有些心动，赶忙说："哦，我看就周六早下午吧……哦，不"客户反复思考半天，最后还是拒绝了苏童："我看还是算了吧，我最近真的很忙，没有跟你见面的时间，以后再说吧！"

面对客户的婉言拒绝，苏童有些灰心，但是这样的客户苏

童见得多了,很少有客户轻而易举地就会答应与你见面。现在如果就此放弃,月底将很难完成销售任务,提成和奖金也都没有了。

一想到自己必须完成工作任务,苏童立刻鼓足勇气,准备再试一次,他马上就又给这个客户打了电话:"您好,我是刚跟您打过电话的苏童。我知道您时间有限,如果您觉得登门拜访不方便的话,我可以把样品送到你公司,或者给您寄过去,无论怎样,我觉得您还是要先看下产品再做定夺,您说呢?"客户没有想到还会接到苏童的电话,转念一想,说了一句:"那你就先给我寄一些产品的相关资料吧,我先看看先关介绍,然后再和你联系。"

苏童按照客户的要求,把产品相关资料寄给了客户。客户的这一回复给了苏童很大的信心,他决定从侧面了解一些客户的生活、工作习惯,经多方打听得知该客户每天晚饭后,都会陪孩子在家附近的公园玩一会儿。为了做成这笔生意,苏童做好了充分准备,要与客户制造一次偶遇。苏童算好时间,终于在公园里遇见了自己的目标客户。

第二章　销售要用心

苏童凭借多年的销售经验，成功地取得了客户的信任，谈成了一笔大买卖。

很多时候，销售人员跟客户在电话里谈得很火热，但是，一说面谈具体事宜的时候，开客户，就会提出拒绝，无论电话拜访多么成功，如果不能成功面谈，交易还是会失败的。

所以，销售员要排除客户的心理疑虑，减轻客户的心理压力，就要分析其拒绝的心理，想办法制造与客户的巧遇，让客户自然而高兴地接受我们的拜访，从而打破这种被拒绝，或者是被动等待的僵局。

生活中，人与人之间难免会有一些距离，这些都是人之常情，但是销售人员要想做成交易，就必须要打破这些顾虑。正确处理客户的心理负担，解决客户的顾虑，是实现成功约访，最后达成交易的大前提。那么，如何才能制造一些看上去非常自然的偶遇呢？

1.了解客户的"行踪"

销售活动的主要对象就是客户，只有研究清楚客户，才能做好销售工作。尤其是在销售员想要约访客户的时候，更要全面掌握和客户有关的一切信息，包括客户的姓名、性别、年龄、工作情况、消费特征、收入状况、具体地址、潜在需求、

个人好恶等。以外,那些与客户关系密切的其他人或事物的信息,包括客户的家庭成员构成情况、客户的生活习惯等也要做一些必要的了解。只有掌握了客户的这些行踪,才能有目标地制造与客户的不期而遇,选择一些客户比较关心的话题打开谈话局面,还能令谈话氛围融洽自然,为成交做好铺垫。

2.告诉客户"我顺路"

大致掌握了客户的基本行踪后,就要准备面谈工作了。在约见客户之前,一定要打电话预约,这是对客户的尊重。但是,预约的时候也有一些需要注意的地方,例如谈话方式。你的话语中要避免使用"专程""特意"等字眼,要善于利用"碰巧""刚好""顺路""可能路过"等话语引出我们的拜访请求,让客户觉得你并不是专门为了销售而见面,这样会极大消除客户的顾虑心理。

从心理学角度来说,俗话说"无事献殷勤、非奸即盗",虽然销售员的登门拜访是出于替客户着想,这样周到而体贴的请求其实是非常有诚意的举动,但是客户却觉得销售人员有些过分热情,不免会心生猜疑和不安。销售员大方、自然地告诉客户"我顺路",就会减少对方的心理负担,卸掉很多见面的压力。而且,当客户听到销售人员是因为"巧合"才要见面,

第二章 销售要用心

并不是一次有目的性的接近,所以一般都会接受这一请求。

总之,销售人员要抓住客户这种喜欢"巧合"胜过"刻意"的心理,用假装碰巧来制造见面的机会,变被动为主动,进而戳到客户的痛痒处,打动客户的心,就会极大地增加成交的机会。

第三章

培养销售的能力

第三章　培养销售的能力

要有销售兴趣

爱因斯坦曾经说过,兴趣是最好的老师。销售是一门科学,也是一门艺术,是兵法在市场竞争中的具体运用。销售人员要对销售有浓厚的兴趣,不断培养销售的兴趣。有兴趣等于成功了一半。因此,要做一名成功的销售人员,首先就要有强烈的销售兴趣。

你的个人爱好不一定能成为你的工作,但是你的工作一定要是你的爱好!很多时候,人们都喜欢把工作和个人乐趣分开,当然,在某些情况下这是很有必要的。比如,医生不能全和患者做朋友吧?我们要想在生活中获得快乐和平衡,更好地

满足自己，就应该把工作和享受联系到一起，因为哪一方面做得不开心都会影响我们的生活质量。

然而，我们身边的很多人都并没有意识到这一点，他们喜欢把工作仅仅局限在工作的领域，把工作当成是不得已而为之的事情。作为一个销售人员，在多数情况下，如果你能把销售这块蛋糕作为一种爱好，便能极大地增进你的销售业绩，使你可以从中所获得更多的乐趣和满足。而且，你在这个过程中，还会不断学习，使得销售变得更有趣、更有利可图。学习是一个可以激发大脑思维的过程，新知识给我们带来快乐的体验。久而久之，蛋糕就成了你的爱好，这样爱好和工作就有机地结合在一起了。

你为什么要做销售人员？如果为了谋生，你吃了你不喜欢的蛋糕，那么分析一下，你为什么不喜欢蛋糕呢？可能是因为你不能尝到蛋糕的美味，从中得不到香甜的感觉。如果你现在是这样，那只有两种选择：换为别的工作，选择做你喜欢做的事；提高业务能力，从中获得更多的快乐。一般来说，大凡明智的人都会选择后者。因为你既然已经选择了这个行业，就说明你对它还是有兴趣的，虽然你的大前提是为了谋生。只要你继续朝着你的目标努力，相信不久你就会喜欢上它，并从中获

第三章　培养销售的能力

得无尽的快乐。

的确，对销售新人来说，销售工作是一件很辛苦的事情，对行业不熟悉，没有客户，所有的一切都需要从零开始。要去"扫街"，一天要和十几个甚至几十个潜在客户沟通交流，还要忍受对方的抱怨和粗暴的拒绝，一个月下来你的收入没有丝毫增加，整个人也瘦了半圈。于是，很多想从事销售工作的人都因为不能忍受开始时的辛苦和重压，而放弃了这个行业。

但是，销售的神奇就在于有人借助销售大笔的赚钱，如果你还没有做到如此，说明你没有掌握技巧，你需要帮助和学习。如果你能够明白学习能让自己更专业，并从优秀的人身上学到方法和技巧，让自己成为佼佼者，你就能够赚到大笔的钱，你就会把销售作为爱好。

加强你的能力修养

能力决定一切。作为一名销售人员,销售能力能让你在各个销售过程中提升你的效能与效率。在漫长的销售生涯中,你要想成为一流、想要达成卓越、想要成为大师,凭借的不只是技巧,而是一股精神的力量。你唯有提升自我能力,才可以帮助你成为一位学有专长的专业人才,才能有力量面对挫折,才能以充沛的自信面对挑战,让你获得人生的价值。一个王牌销售者必须具备哪些能力呢?我们主要从以下两个方面来讲解。

1.培养业务能力

一个优秀的销售员总是会加强他们业务能力的培养,这类

第三章　培养销售的能力

能力主要包括以下几种：

（1）忍耐力。

（2）洞察力。因为不同的人在天资，能力个性，生活阅历，社会经验等方面存在差异，因而对同事就可能产生不同的看法，仁者见仁，智者见智。

（3）执行力。执行能力体现的是销售人员的综合素质，更是一种不达目标不罢休的精神。销售员的首要任务是销售，如果没有销售，产品就没有希望，企业也没有希望。同时，销售员的工作还有拓展，只有销售也是没有希望，加为你销售出去的是产品或服务，而只有不断拓展市场，赢得更多的市场份额，为企业的销售渠道建立重要的无形资产，为自己赢得稳定的业绩。

（4）自控力。对于销售人员来讲，自控力是一种必不可少的能力。只有具备了这样的能力，才能游刃有余地应对错综复杂的情况。很多时候，销售人员是单兵作战，销售人员每天要去开发客户、维护客情等，这些都不可能完全在领导的监督下进行，如果真想偷懒是非常容易的，比如故意去较远的客户那里，路上可以休息；本来半小时谈完，结果谎称谈了三小时，等等，这种方式除了损害企业的利益，更重要的是也阻碍

自身的发展。因此,销售人员只有具备良好的自控力,在与他人打交道时,保持自控忍让的精神,既能做到忍让,又不失原则,就必须具备灵活敏捷的反应。

(5)沟通力。沟通是销售人员必不可缺的能力。沟通含有两层含义:一是准确的采集对方信息,了解对方真正意图,同时将自身信息也准确传达给对方,二是通过恰当的交流方式(例如语气、语调、表情、神态、说话方式等)使得谈话双方容易达成共识。

沟通能力在销售过程中举足轻重,良好的沟通是成功销售的关键。

(6)应变能力。销售人员所接触的顾客很复杂,很广泛,有着不同的生活习惯爱好,销售人员要了解社会各阶层的知识和涵养,以能适宜不同的顾客。

(7)社交能力。社交能力是从事销售工作必备的重要能力之一。是衡量一个销售员能否适应现代开放社会和做好本职工作的一条重要标准,销售员要善于与各界人士建立亲密的交往关系,而且还必须懂得各种社交礼仪,在实际销售工作应注意以下几点:待人热情诚恳,举止自然大方。能设身处地地站在顾客立场上考虑问题,体谅顾客的难处。有自制力,能控制自己的感

第三章 培养销售的能力

情,沉着冷静地处理问题。既有主见,又不刚愎自用。

(8)市场洞察力。洞察力是人们对个人认知、情感、行为的动机与相互关系的透彻分析。简单地说,洞察力就是透过现象看本质。观察不是简单看看,很多销售人员的第一堂课就是学会"看"市场,这个"看"不是随意的浏览,而是用专业的眼光和知识去细心的观察,通过观察发现重要的信息。在社会生活、文化生活中,通过外界的客观现象,你可以预测到时代发展的本质和前景。这一点可以说是决定个人发展高度的重要因素。

(9)分析力。一个优秀的销售人员,一定具备较强的分析力。通常来说,分析与观察密不可分,观察得到信息,分析得出的结论。放在最好的陈列位置上的要么就是销售最好的品种,要么就是该厂家此时的主推产品。通过价格进行分析,价格较以前下调幅度较大,说明该产品受到竞争产品的压力过大,销售善不理想;价格上浮较大,就可能是该产品的原材料市场整体价格上扬,导致产品成本骤增,或者该产品市场处于供不应求的状态。这些间接信息必须通过缜密的分析才能得到。此外,还可以分析对方的言谈举止和神态,例如进场谈判,买家给你报了个价,作为销售人员肯定不是一口答应,分

析对方说话的神情语调,用话语刺探,然后分析出是否有压低价格的可能,压缩空间幅度有多大等。

(10)学习力。作为销售人员,所需要接触的知识甚为广泛,从营销知识到财务、管理以及相行业知识,等等,可以说销售绝对是"综合素质"的竞争。面对如此多的知识和信息,没有极强的学习能力是无法参与竞争的。优秀的销售人员只有掌握各种销售技巧才能在竞争中胜出。当然销售人员需要学习的远不止销售技巧,还必须具有举一反三的能力,"处处留心皆学问",要养成勤于思考的习惯,要善于总结销售经验。每天都要对自己的工作检讨一遍,看看那些地方做得好,为什么?做得不好,为什么?多问自己几个为什么,才能发现工作中的不足,促使自己不断改进工作方法。只有提升能力,才可能抓住机会。因此没有良好的学习能力,在速度决定胜负、速度决定前途的今天势必会成为输家。

(11)语言表达能力。销售的核心是说服,说服的强弱是衡量销售员的水平高低的标准之一。能言善辩是一个合格的销售员应具备的重要素质之一。销售人员的语言表达能力表现在语言要清晰,简洁,明了,准确适度,入情入理,亲切优美,能打动人,说服人,能感染对方,激发起顾客的购买热情,形

成良好的销售气氛,达到销售的目的。要说服顾客,不仅要有较好的说话艺术,更重要的是掌握正确的原则。其中最重要的是:围绕顾客的切身利益展开说服工作。也就是说在销售过程中,不要把说服的重点放在夸耀自己产品上,而忽视对顾客切身利益的考虑,否则,将很难使自己所销售的产品与顾客的利益结合起来,顾客也不会对所销售的产品产生兴趣,销售就很难以成功。

对销售员的语言要求主要有以下几点:

①销售员的语言应该使消费者听起来舒服,愉快,销售员说话时,语气应始终保持柔和,避免大声说话,避免发出刺耳的高音,要给消费者一种温和的感觉。被拒绝时,也不要使用会引起争吵的语气,句式。

②销售员与消费者说话时,应始终保持一种商量的口吻,避免用命令式或乞求的语气。

③销售员在与消费者洽谈时,必须有意识地运用停顿和重复。恰到好处地停顿会使消费者回顾起对你有利的销售信息,重复会使你的商品的特殊优点得顾客留下更深的印象。

④销售员在谈话中应注意自己的语调,掌握说话速度,以便控制整个销售谈话,使自己处于主动地位。

⑤谈话时，应做到简明恰到好处，过多的废话会引起顾客的反感。当产品拥有众多的优点时，说出其中重要一两条即可。

⑥在某些细节上，销售员应注意一下口语是否对销售有利，如不利应尽快改正过来。

2. 提高自己的业务素质

我们知道，销售员的工作业绩好坏，直接受自身业务素质的影响。业务素质指的是业务知识，包括企业知识、产品知识、顾客知识。具体如下：

（1）企业知识。从某种意义上讲，销售员是顾客与公司之间的唯一联络人，销售员就是顾客眼中的公司。因此，销售员进入一个企业之后，首先就要清楚地了解企业的发展历史、企业规模、企业文化、经营方针、则制度，等等。

（2）产品知识。销售员的责任就是如何将以最吸引人的方式将产品完整地展现给顾客。因此，销售员必须对产品有一个完整的了解。要了解产品的性能、用途、价格、使用方法、维修、保养以及及管理程序等方面的知识，了解市场上竞争产品的优情况。但是，了解产品并不意味着一味地扬长避短，销售人员也要勇于承认自己的产品或服务的缺点，真诚与客户进营销售。

第三章　培养销售的能力

（3）顾客知识。销售员要想把产品卖给客户，就要知道客户的所思所想，了解客户的心理需求，因此，一个优秀的销售人员，应善于分析和了解顾客的特点，具备有关心理学、社会学、行为学等方面知识，了解顾客的购买动机、习惯、条件、决策等情况，以便因人而异，采取相应的策略。

要有亲和力

亲和力是指人与人之间迅速建立起来的思想交流，情感沟通的方式或手段，是社交能力的一种。具有亲和力的人，容易使别人对你产生好感，而你在别人的印象中多半也是良好的、重要的、可信赖的，因而人们向往与你结交。对销售人员来说，具有亲和力尤其重要。

亲和力在销售过程中显得尤其重要。非凡的亲和力能为你的销售事业和你的销售业绩带来很大的促进和提升。试想，你若要卖出产品，首先要获得客户的认可，只有当客户接受你这个人的时候，他才会接受你所销售的产品。而人的亲和力就是

第三章 培养销售的能力

在对他人的影响和说服能力上才会起到莫大的作用。你的亲和力越强，你对他人的影响和说服力就越大，获得他人的认可和信任的可能性就越大。

此外，销售人的亲和力还可以帮助其有效带领客户进入正题。对于销售人员来说，这一个比较难的环节，但只要你有亲和力，这个问题就变得非常容易。只要你留心观察不难发现，那些在销售行业成就卓著的成功人士都有一个共同点：喜欢与人交往，容易发现他人的优点，富有同情心，待人真诚，而这些正是具有亲和力的一种表现。

有一个年轻人到一家公司应聘推销员。尽管他第一次到这个公司，一个人也不认识，但他并没有觉得自己是一个外人，而是非常热情地和周围所有的陌生人打招呼。当他走的时候，公司的门卫姓什么他都知道了。他与生俱来有一种亲和力，发自内心地希望了解别人，当然，这种亲和力也使他获得了这份工作，而且头一个月就取得了不错的工作业绩，后来他的表现更是非常出色，超过其他人十几倍。这一切都是亲和力的功劳。

并不是每个人都具有亲和力，有许多不具亲和力的推销员，在见到客户时往往不知如何开口说话。他们局促不安、神

经紧张,只是迫于情势的压力才硬邦邦地说出"请问您对这类商品有兴趣吗?""想不想购买某某商品?"等干涩的话语。可想而知,他们这样是很难做成生意的,回答一般都是"没兴趣""不想买"。

  这样的错误绝对不会发生在一个富有亲和力的推销员身上。通常,他们会用热情友好的态度消除客户的紧张,用微笑和体贴化解客户的不安。在导入正题时,他们会尽可能使交谈自然一些,以避免客户感到唐突。总之,他们的推销充满人情味,整个过程都保持一种顺畅和自然的感觉。

第三章　培养销售的能力

学会放弃

坚韧不拔的精神能让人在面对困难的时候不放弃，面对一切不公平而不抱怨，不去想如何逃避困难，勇敢地面对一切，勇往直前，绝对不退缩，把自己塑造成一个坚强的自我。但是，有时候太过执着也未必是好事，适当选择放弃也许会让结局更好。人要会放弃。

在销售过程中，销售人员真的会遇到那种无力扭转局势的情况，虽然很多人不愿意公开承认这一点，但这一点确实存在。然而在实际情况中，很多情况下我们最好的、最恰当的选择就是把这位潜在客户放在一边，把时间花在其他更有意义的

事上。过去的就让它过去，然后继续去做别的事。谨慎的行为也许会错失良机，但常常可以回避一次大的损失；同时人的精力会更加集中在值得投入的事情当中。

虽然出现损失是一件令人惋惜的事情，但是，你不要将其视为自己的过失，你要做的就是另找他人，重新再来。要建立一种相互信任的商业关系是两相情愿的事，只有你自己一厢情愿是不会成功的。

几年前我养了两只沙鼠，这两只沙鼠在小笼子里不停地跑动，尤其是在夜里，它们总是跑个不停，到了白天却筋疲力尽，尽管晚上它们哪也没去过。我们把这叫作"沙鼠销售"。一些销售人员就像沙鼠一样，不辞劳苦地跑这跑那，但却毫无收获。

在每个销售人员的身上都可能会发生这样的事情：一笔大买卖眼看就要成交，却莫名其妙地泡汤了。面对泡汤的生意，你会如何做呢？如果你知道何时该走开，那么你将来某一时候还有可能与这位潜在客户做生意；相反，如果你坚持和他纠缠，直到他变得听到你或你的公司名字就恼火，那么就该小心了。我们应该放长线钓大鱼，因为很多时候，放弃并不代表失败，放弃这次意味着下一次成功即将到来。

第三章　培养销售的能力

一切都会随着时光的流逝而改变。不要过于计较眼前的挫折和失败，而是要注重自己的工作，但我们不能指望每次都成功。只要你尽力，你最终会从许多曾经没跟你做过生意的人那里得到生意。当然放弃也需要把握时机，不是遇到困难和挫折就放弃，只有学会何时放弃，才不至于功亏一篑，才能真正从失败走向成功。

用优势影响你的客户

尽管我们一再强调发掘自身的优势去销售，这样更容易成功。但是我们不得不承认，每个人都有与生俱来的缺点，不可否认的是，某些缺点会影响你的销售业绩。在很多情况下，一个不起眼的缺点将导致你的销售功亏一篑，所谓"一招不慎，满盘皆输"，说的就是这个道理。这就要求销售人员在注意自身优势充分发挥的时候，还要注意削弱自身缺点的影响。

销售人员要想做好销售，取得成功，就要积极采取措施，尽力发挥优势所在，努力阻止影响业绩的缺点的发生。其实，对于销售人员来说，克服缺点并非一件困难的事。有时，一件

第三章　培养销售的能力

简单的工具或一个小小的举措就可实现。

薛刚是一个非常聪明的推销员，但他由于小时候的一次车祸失去了右臂。但是他并没有因为失去右臂而放弃生活，变得懦弱，相反，他能用他的假右臂完成很多事情，他知道自己的长处和强项是什么，也知道怎样使它们充分地发挥出来。当然，他也会因为自己的缺点儿时常感到力不从心，甚至影响到他的成交概率。尽管如此，他也并没有气馁退缩，每次拜访完客户后，他都想认真填写拜访报告表格，但他总是半途而废，因为他的假手臂还不擅长做这类细致的工作。他每次都是潦草地填上几笔，而这样做的结果就是丢失那些至关重要的细节。几次推销失败之后，薛刚决定想办法降低这一缺点对销售的影响，他买了一个录音机，把拜访的细节录下来。在这一举措的帮助下，薛刚彻底摆脱了这一缺点的束缚，他独自一人完成了很多跟进访问，并且培养了更多有价值的长期客户，销售业绩也直线攀升。

销售人员要想取得成功，就必须将主要精力集中于自己优势的发挥上，并且拼命去弥补缺点，力求把自己变成一个完人。当然，这并不意味着可以无视自己的缺点，任其肆无忌惮

地影响你的能力发挥，影响到你的业绩。所有成功的销售人员总是在发挥自己优势的同时，采取措施阻止缺点影响业绩，从而使自己的推销之路走得更加顺畅。

第三章　培养销售的能力

销售有方法

我们每个人的工作就像桌面一样，必须要有几个桌腿支撑，一个桌腿不行，两个桌腿也不行，三个桌腿不好，需要四个桌腿。如果有六个桌腿就会更稳，八个桌腿就会四平八稳。

如果营销方法就是桌腿，而上面的桌面就是你营销的产品，只有一个桌腿是不行的。营销法则最重要的就是：一个"桌面"多个"桌腿"。销售方法越多越好，成功的营销人员都是一个目标多种方法，而失败的营销人员则是一个方法多个目标。

所以请大家记住：永远用最好的方法，面对同一个目标。

失败的销售人员经常换工作、经常换行业、经常换公司、经常换产品，却仍然使用老一套的方法去卖产品，当然始终不会有很好的销售结果。

世界网球排名第四位的张德培，他原来球打得很不好，之所以最后获得世界排名第四的成绩，秘诀就是他把球拍加大一寸，所以世界网球协会为此而定下一个规则，就是不允许私自改动球拍。

张德培有一个要永远更好的原则，就是永远用更好的方法做同样一件事情，总是不断地改进自己的方法来达到同一个目标。

所以，销售人员也要采用多种方法，而且是用最好的方法去达到同一个销售目标。

第三章　培养销售的能力

销售就是帮助别人解决问题

"种瓜得瓜，种豆得豆。"销售也是如此，一份耕耘一份收获，天下没有免费的午餐。

你今天的销售结果是比较好，还是不太好，还是一般，还是特别好，不管是什么果都是源于曾经种下的因。你曾经种下西瓜的种子永远不会长出来苹果，曾经种下了香蕉的种子永远不会长出来土豆。今天业绩不够好那是谁的原因？是自己的原因。今天业绩不错，那也是自己做得比较好。每个销售业绩不好的销售员都想改变现状，而业绩好的又想做得更好！那你想知

道最顶尖的营销人成功的重要原因是什么吗？如果你重复过去同样的销售方法，那你只会取得同样的销售结果，如果你今天还用跟昨天一样的销售方法去面对市场，面对客户，那你得到的依然是跟昨天类似的销售结果。而今天类似的销售结果你满意吗？特别不满意真地想改变？改变信心已经提到十分？非常强烈想改变这一切？此时此刻恨不得有一种方法立刻做到？

销售需要调整自己的注意力，调整自己营销的观念、态度和意识，因为给你再多的方法，态度不端正，一切都是理论。如果掌握100%的方法，但连10%的心态都没有，那么你这100%的方法连10%都发挥不了，只会比它更低！

有一个名叫彼德斯的男孩很穷，穷得连饭都吃不上，于是他就想去乞讨。他发现大街上的人都很有钱，可是他却没有乞讨的勇气，自卑地躲在角落里，他的肚子非常饿，觉得自己要死去了！他多么希望有一个人会过来给他一点儿东西吃啊！他双眼已没有任何神韵了。

这时一个灰衣老人走到他面前问他，孩子你是不是饿了？彼德斯点点头。灰衣老人问，你需要钱是吗？彼德斯说，是的。灰衣老人又问，那怎么样才能有钱呢？去抢吗？抢不是好的办法。

第三章 培养销售的能力

去乞讨吗？那不是你一辈子想要的结果。你怎么办呢？这样吧，我借你一个金币，你去做一些生意好吗？灰衣老人就给了他一个金币，让他十天以后还给他。

彼德斯很惊奇地问老人相信他吗？灰衣老人说："相信，咱们十天以后还在这个地方见面。"

彼德斯离开灰衣老人之后到了一家餐店准备吃饭，店主见他有一个金币，问他喜欢吃什么，有很多好吃的，但彼德斯只要了最便宜的包子，他要把剩下的钱用来做生意，来改变他的命运。他想，我如何改变命运呢？他想起了灰衣老人跟他说了一句话，你看到大街上到处都是有钱的人，你怎么能够帮助他们解决问题呢？如果你能够帮助他们解决一些需要，实现他们所想要的东西，透过你的方式去帮助他们，这样不就成功了吗？

于是彼德斯就冥思苦想。他突然发现从外地赶到这座城镇的人有很多马匹，马也不愿意走，很没有力气，于是他想到搭一个让马休息的棚子，靠给马提供饮水和青草来赚钱。每一匹马能赚到了五角钱。然后他又发现一个事情，晚上约会的人很多，于是彼德斯想到可以帮助他们找一些花，增加他们的情

趣和感情，于是他就开始卖花，通过花又赚了一部分钱。他又发现最近一直下雨，于是他又进了一些雨靴，让别人在雨天中能更好地工作、交往和生活。这样一来，他很快就赚了很多的金币。

十天时间到了，灰衣老人出现了，彼德斯对老人说：爷爷，谢谢你给我的一个金币，我现在要给你两个，一个是还给你的，另一个是给你的学费和对你的感谢。灰衣老人说道："孩子，改变了命运就是给我最好的回报，所以我只收一枚，今天最想告诉你一句话，请你再给我一个承诺，就是今天赚一点钱比较容易，如果想永远赚钱请记住这个承诺，请不要总为自己，你要想怎么才能帮助更多的人，这样才能保持永远的成功。"

分手后第二天孩子找到了灰衣老人，说他想学销售。灰衣老人说："孩子你终于来了，我等你很长时间了。但是收你为徒的时候，请你记住我跟你要的承诺，你做销售的时候不要只为了自己，你要永远地帮助别人，这样才能保证永远赚钱。"孩子听了之后就开始学习，从此只要发现任何生意，他都有一个最重要的目的，就是以帮助别人为前提。

第三章　培养销售的能力

　　成功的营销人必须有这样一个观念，就是帮助别人。今天不是在卖产品，不是在赚钱，而是在帮助别人解决问题和需要，最顶尖的销售人员没有一个是抱着伤害别人而自己发财的心态进场的。如果没有帮助别人的心态，我可以肯定他在这条路上是走不好的。

没有任何借口

"没有任何借口"是西点军校奉行的最重要的行为准则，它强化的是每一位学员想尽办法去完成任何一项任务的意识，而不是为没有完成任务去寻找任何借口，哪怕看似合理的借口。工作没有任何借口，失败没有任何借口，人生更没有任何借口。

阳阳是兄弟姐妹当中最小的，所以特别受宠爱，当然阳阳个人也比较过人喜爱。周围邻居跟阳阳母亲说："这个孩子长大以后不得了！"阳阳母亲疑惑了，为什么？"因为这个孩子见人说人话，见鬼说鬼话！"这样一来阳阳被宠得很坏，比如说

第三章 培养销售的能力

走路时脚碰到石头流血了,阳阳的父亲就会把那个石头砸碎;走路的时候一不小心树把头碰了,阳阳的父亲就会拿刀把树砍掉;阳阳和哥哥到河里抓鱼,鞋丢了,挨打的是哥哥。所以家庭环境从小就把阳阳培养成一个不负责任的人,凡事都是别人的问题,都不是阳阳的原因,因而总是在找借口。可阳阳发现他的命运没有任何改变,他生命的品质没有任何的提升。

那些最顶尖的人成功的重要原因就是不找借口。它是一种品德,是所有最顶尖的销售人员都具有的特质。

刘东刚刚做销售时,业绩不好,也是一直找借口。经理问刘东为什么没有业绩,刘东跟经理说:"因为我的客户电话没有人接,我的客户电话打不通,我的客户不在,我的客户没有钱,我的客户被竞争对手弄走了,公司品牌不够好,设计和包装不够好……"一切的问题都是别人的问题,从来都没有自己的原因。可后来的一件事情改变了刘东。

有一天,刘东公司来了一个也是做销售的女孩子,刘东去上班发现她坐在他的椅子上,刘东看她是新来的,又是一个女孩子,就让她坐。谁知第二天上班,她又坐在了刘东的位置上,他想由于她刚到公司,又是女孩子,应该给她面子和照顾

她。可是接连三天都是如此。第四天女孩没有能坐在那里,因为刘东提早一个小时上班,抢先坐到那里。

刘东假装在看报纸和杂志,但是眼睛的余光却不时瞥向门口。终于等到上班了,女孩向刘东走过来并站在面对,这时刘东对她说:"请问有什么我可以帮你的吗?"她说道:"经理安排我在这里办公。"于是刘东去找销售经理理论,刘东说:"经理,不是安排我在那里办公吗?怎么又让那个新来的女孩子坐我的位子呢?"经理说:"你不用管了,你让她坐就好了!"我说:"那我坐到哪里去办公呢?"经理说:"你爱上哪就上哪去好了……"

那一刻,刘东觉得受到了极大的侮辱,觉得他不尊重他,心中像刀割一样难受,刘东万分地生气,心想:"我即使不在这里干了,我也要和你吵一架。"可是经理没有跟他争,最后只好找总经理,总经理说道:"这件事情经理处理得确实不够妥当,不过你有没有思考一个问题,为什么只是你的办公桌让这个女孩子坐,而不是其他同事的办公桌呢?你有没有发现自己存在的问题?"通过这个事情刘东发现了一个最大的问题,

第三章 培养销售的能力

就是到了公司以后没有给公司带来业绩，没有给公司带来很好的利润和销售成果，而且满嘴都是借口，总是在欺骗公司，欺骗自己，用一大堆的理由搪塞，做不好业绩不是我的问题，是公司的问题，是市场的问题!

刘东发誓绝不再找任何的借口，绝不再找任何的理由，下定决心后刘东全力以赴，创造业绩。从此以后刘东每天最早上班，最晚走，礼拜六和礼拜天都自动加班。夏天的时候，天气非常炎热，每天中午都帮商场的工作人员买盒饭，买矿泉水，因为商场规定她们买饭不能坐电梯，所以每次都是爬楼梯。后来，当有人咨询的时候，她们都非常热情地推荐刘东的皮鞋。在寒冷的冬天，刘东总是右肩背一个包，左肩背一个包，脖子上挂一个包，都是皮鞋的样品。为了销售刘东脸上起满了疙瘩，脚底走出了血泡，手冻出了裂口，热水、凉水手伸进去都是钻心的疼痛，刘东没有给自己找一个借口停下来休息。礼拜六，礼拜天，节假日的时候，刘东就进行大量的节日促销，终于在一年半的时间里刘东就成了公司最棒的推销员，后来每次出差回来的时候总经理都亲自到火车站接刘东并设宴款待，而

这所有的成果都是源于从不找任何的借口。

每找一个借口，都是支持你达不成目标的理由和可能。每找一个借口都增加了达不成目标可以原谅的证据。

我们周围的人不是你的准客户就是你的潜在客户，所以各种场合中一定要对周围的人好一点，不要总是摆出各种各样的借口不去和他们交谈、交往。如果你联系客户方式很好，继续保持，如果能够学到别人另外一种很好的方式，你就多了一种好的方式，增加了一种好的销售可能，为什么不学呢？你又为什么保有自己好的销售模式不去使用，而等以后再说，而不是现场呢？要知道，能在这一刻成交，绝不等到下一刻，因为下一刻就可能出变故，我们所处的变故太多了，而产生变故的那一时刻，我就把它叫作"变故时刻"。我们以后永远都不要为自己找借口，永远都要为自己负责，成功与借口水火不容，要找借口就不能得到成功，要想成功就不要找借口。

第三章　培养销售的能力

坚持学习

  我们一定要以一个空杯的心态去学习我们未知的事物，只有这样我们才会不断进步，不断超越自我。

  金克拉被誉为世界最顶尖的激励销售大师，在他80多岁的时候还凌晨四点半起床学习，他经常去听他学生的演讲，认真地听并十分配合，还不时记笔记。别人就问他："金克拉先生，为什么你学生演讲你还要听，并认真地记笔记，其演讲内容不都是你讲过的吗？"其行为不仅令人感动，他讲的一句话更是值得我们每个人学习。他说："只有看我学生做得怎么样，才知道我教得怎么样啊！"他自己的学生演讲都去听，他能

不成为销售大师吗？

汤姆·霍普金斯刚从律师专业毕业的时候，知识不是很多，能力不是很强，专业也不是很好，所以回去找不到很好的工作。他母亲觉得没有什么希望，就让他留到老家。但他立志要出去闯出一番成绩。他到一个房地产公司做推销员，前三个月没有业绩，六个月没有业绩，甚至将近一年的时间都没有突破。

当他彻底丧失信心准备放弃的时候，参加了吉米·罗恩老师五天五夜的训练，他发现所有的成功者都曾经是失败者，不过他们从未放弃过对成功的期望，他们在任何情况下绝不轻言放弃，在汤姆·霍普金斯生命低谷的时候，遇到了他生命的贵人，只教了他五天的课程，他就从此彻底改变了自己的命运，获得了巨大的成功。

他为什么可以成功？最重要的原因就是源于在他生命中最困难的时候遇到最重要的人，懂得了"成功者绝不放弃，放弃者绝不成功"这样一个成功的信念。试想，假使他当时没有能去上那样一个课程，假使他没有遇到那样一位老师，假使他没有建立"成功者绝不放弃，放弃者绝不成功"这样一个信念，那么他有可能就放弃了，他的生命可能就会是另外一个结果了。

作为一个销售人员,没有学习的心态,没有一种疯狂看书、疯狂看光盘、疯狂听课的热情,是艰难成就大业的,为什么呢?因为销售人员最重要的不是卖产品,而是在卖人品、概念和知识。人品是什么,人品就是你做人的人格、你的风范、你的智慧和知识。销售人员不是在卖产品,而是在卖人品,卖感觉。人品和感觉是你的内在积累和沉淀。卖产品的时候我让你觉得跟我在一起可以学到知识,可以得到快乐,能够了解一些你不知道但对你很重要或者很有兴趣的东西,我相信这样可以激发客户跟我合作的欲望和决心。因此说学习太重要了!那么,学习有哪些途径呢?

1.通过资料

网上查到的资料,课程笔记的学习资料,抑或是看到一家公司的系统,这些都是学习的资料。

2.现场课程

找最顶尖的老师,找最顶尖的课程来进行学习,这是最简单有效、最快速的方法,可以帮助你不断快速成长。

3.向顾客学习

你要做一个用心发现的人,你可以谦虚地询问顾客哪里做得不好,需要怎么调整才可以让他满意,请教顾客自己哪里做

得好,怎样做才能令客户更满意?顾客回应的好坏反映了你销售能力的高低。

4.向顶尖的同行学习

对手就是最好的帮手,对于其优点可以借鉴复制,其缺点可以预防避免。紧紧盯住顶尖的同行,当你越接近他们的时候,你也就越接近成功了。

5.同事研讨

跟同事在一起看看哪里做得不够,哪里需要加强,哪里需要调整,哪里需要补充,哪里需要完善。同事在一起研讨的时候,能够深刻自觉地去检时自己,就孕育着更大的成功了。失败本身不是成功之母,失败后找到的原因才是成功之母。

6.自己学习

每次把课程讲一遍,我就在不断地进步。今天自己是最好的学习对象,为什么呢?因为今天在你生命当中你做到的部分就是反映了你的强项,你做不到的部分就是弱项,是需要你加强和调整的。自己学习是很有效的方式,你可以不断地来进行对照、修整、检讨和总结。

总之,首先是学,然后就是练。先学后练,而后是用,用了以后再不断地修。因为知识的变化是需要调整的,修正之后我们要进行复习。每次讲课都要提前复习，尽管讲了两百遍我还是会复习，复习之后我们要再进行反省，反省之后再去学。按照这样的规律，我想我们进步的空间是非常大的。

熟悉你销售的每一个产品

　　机遇总是垂青有准备的头脑。在去做销售之前，一定要熟悉产品.熟悉同行对手的产品，熟悉客户，这就是我感悟深刻的三种熟悉法则。

　　在销售中，我们的业绩只能通过不断的出色表现才能实现，其中专业技能具有决定性的意义，你不会因为获得学位或是某个具体的头衔就成为一名专业人员。当你的表现像个专业人员时，你就是专业人员，一旦当你表现得不再像专业人员时，你已经就不再是专业人员了。

　　大家可能听说过被誉为日本"推销之神"的原一平。他的

第三章　培养销售的能力

身高只有1.54米,有一次有人问他:"为什么总是可以说得让顾客非常心动,为什么可以说得让顾客流下泪水,为什么可以让顾客立刻做出决定,选择你的产品?"原一平说:"非常简单,每次销售,我至少提前做20次的准备。准备什么呢?就是准备他熟悉的产品,熟悉他同行业的对手,熟悉他的客户,这叫三熟悉法则。所以我才有这么大的能量,才有这么大的结果。"

我们一定要熟悉自己的专业,尤其是为了把事情做得更好,专业人员也要不断努力去学习更多的东西,做更多的练习。当他们对着镜子里的自己时,他们不仅会说"你真棒",更会说"你应该可以做得更好"。他们一直在努力完善自己,不管是语言还是行动,他们都一遍一遍地重复练习使之达到完美。

一位讲师,每次演讲前也总是不断设计课程,不断地做充分准备,不管讲了多少次的课程,都会在开课前将课程和提纲重新设计一遍。正因为这冲准备,所以这位讲师的每一次课程都非常的成功。同样的,如果做销售没有这样的决心和态度,你卖产品肯定去一次失败一次。

只有不断熟悉产品,熟悉对手,熟悉客户,才能保证你销售的成功。只要按照下面的要求去做,你也会成为顶尖的专业销售人员,而且你的销售额会比你的竞争对手甚至你的同事都多。

1.熟悉自己的产品和与之竞争的产品

研究你的产品、公司、市场、竞争产品及客户。亲自收集信息,你会成为出类拔萃的专家。

2.设置目标并制订计划

先列出需要优先考虑的事情,然后根据其对销售成功的帮助作用排序。直接进入优先考虑的事情,把时间花在重要的事情上。

3.不断练习,直到完美

一个演莎士比亚剧的演员演了30年,他没有去改变台词,而是改变台词的表现方法,使得每一次表演都要比上一次精彩。这一点也适用于销售行为。

要成为一个出色的销售人员还需要从以下几个方面下功夫:

1.了解产品结构

什么是产品结构?指的是产品的名称、型号、质地、包装、价格、色彩及送货方式等等。假设我要向各位推广一个销售的课程,我要不要告诉你这一天课程产品是什么结构,让你对这个产品有一个认识?当然要。一定要让你知道一天的课程内容是什么,能给你带来什么?最重要的是产品的使用价值。各位,卖产品的重点在于塑造价值。如果没有价值别人愿不愿

第三章　培养销售的能力

意拿钱买？不愿意的。产品使用价值体现在品牌，你要重点去塑造。你要给顾客一种无形的享受，一种信赖感。比如说公司办得时间比较长，或者说你某一方面的顾客群拥有得比较多，服务比较到位，或者某一方面比较专业。

2.性价比

指的是同类产品同样的品质，怎么进行性能和价格相互的比较。

3.服务

顾客不单是买产品，以后的售后服务要不要买？假设今天你来参加一个世华公司举办的销售类的课程，收费1500元，如果我们还有一个后续的服务，就是你可以免费请一个朋友来听下次课程，你觉得是不是一项价值？

4.要有优势

你要创造你的优势，这是你的价值，这一点很重要。

5.独特的卖点

独一无二的部分，你要熟悉。如果你不熟悉这些，你卖的时候肯定没有力度。既然是独特的卖点，那必定是一个别人不可替代、不可复制、独一无二的，同时又是顾客需要的，这需要在顾客脑海里重复地输入。所以我在讲销售课的时候最重要

的特点就是"没有人可以教你他本身没有做过的事",我教你的就是我做好的。这个就是独特的卖点。

6.产品的差异性

一个出色的销售人员仅熟悉以上几项还是不够的,还要了解产品竞争的差异性后才可以把产品卖掉。那么,什么叫作产品竞争的差异性?简单地讲,消费者需要产品的时候不是在你这里买就是到竞争对手那里买。我们要了解双方产品有什么差异,而不是诋毁对手。这一点非常重要,我希望大家能够记住:永远不要讲竞争对手的坏话,但永远要讲你与竞争对手的差别。这个差别是什么?

(1)原材料,这是品质和质量的基础。

(2)产品包装、科技含量、价格、结算方式、送货方式、服务、占有率,客户的满意度等等。要清楚你的客户有哪些产品不买,虽然他们是你的客户群但是却没有买,他们没有购买的原因是什么,一定要找出来。要了解产品竞争的差异性,就要了解谁是我们的竞争者,我们的优势是什么,因为我们这个优势就是跟他的差别,这个差别就是促成顾客成交的非常有效的方式。要知道如何做既可以吸引客户,又能阻止对手介入你的销售群体,你需要熟悉专业的部分,这个部分做好了

第三章　培养销售的能力

你就可赚大钱了。业务人员最大的价值就是体现在产品的竞争力上。如果产品没有竞争力，销售人员的价值也就不大了，因为只有你一家有，别人都主动上门求购。正是有了产品相同，而我们人不同，销售的结果就不同，这才体现了每一个销售人员的价值。

一个优秀的销售人员应该比其他人更清楚自己在做什么。你可以比较一下，是医生还是你自己更了解你的健康状况。得到大学学位并不是最重要的，真正有价值的是要"熟知"。"熟知"指的是你充分、详细地了解该事物，包括它所有的细微之处。比如在产品竞争的差别方面，就有三个重要的原因，即顾客的三个重要趋向：

1.迷信专家

记住你不是一个推销员，而是你销售产品这方面的顾问和专家，你一定要让客户了解你产品的结构，产品使用的价值，同时了解你的产品跟对手的有什么不同，这样他才会购买你的产品。

2.有对比

我们为什么要做对比？因为我们不这么做，你的客户一定会拿你的产品跟你竞争对手的产品做对比，如果你帮助他们做

好这一工作,让他们了解你的产品跟你竞争对手的产品有什么不同,就可以阻止客户接触你的对手的机会。

3.个性化解决方案

只有了解产品竞争的差异性之后,才能提供个性化解决方案。只有了解了其差异,我们才可以提供更好的个性化服务,帮助客户设计一个个性化解决方案,这对我们产品的促销有很大的帮助作用。这需要你有熟悉专业的习惯,了解产品的结构、产品的使用价值、与竞争对手的差异。

为了让朋友们更好地掌握你要熟悉的重点,如果你能准确地回答以下几道题,说明你具备了熟悉专业的这个重要特质:

(1)我在卖什么?

(2)谁会向我购买?

(3)谁不会买我的产品?

(4)为什么买或不买?

(5)谁是我的强势对手?

(6)我与他的可比性与差异是什么?

(7)我有什么核心优势可以吸引客户并能阻止对手介入?

第三章 培养销售的能力

坚持很重要

光有工作热情是不够的,工作技巧也非常重要。那些想用最短的时间把工作做好的人往往事与愿违;只有脚踏实地、坚持不懈的人才能把事情做得尽如人意。

让我们来了解一下世界顶尖推销大师甘道夫是怎么做销售的,他的事迹曾给我带来巨大的启发。

甘道夫平均每天可以卖掉七份保单,确实是一个超级的推销大师。

有一次,他跟踪一个客户,整整跟踪了15年。可是他没有跟踪成功,因为客户死掉了。

客户死掉以后，客户的儿子打电话给甘道夫说："你来我这里一下。"

甘道夫想是不是因为卖保险给他们带来不好的感觉，不吉利，结果他父亲死了，要找我的麻烦？可是没有办法，他还是立刻就过去了，过去之后甘道夫说道："请问有什么我可以帮你吗？"

客户的儿子说："我不需要什么帮助，请你帮我设计一份全家的保险计划书。"

然后甘道夫说："你有什么需要，有什么不了解的地方可以向我咨询，然后我再好好帮你设计。"

这个客户的儿子说："不用介绍了，你根据我家的情况设计一份就可以了。"

不久甘道夫就设计了一份计划书，请他过目，并说："有什么地方不妥可以修改，我一定会帮你设计得最完善。"

客户的儿子说："不用看了。"

甘道夫说："如果你今天心情不太好，我就念给你听一下吧。"

第三章　培养销售的能力

客户的儿子说:"我也不用听了。"

甘道夫说:"如果看也不看,听也不听,那你想买我都不愿意卖给你了。"

客户的儿子说:"我还用看吗?我还用听吗?我已经看了你15年服务的品质和付出的品质。我还用听吗?我听了15年来你的产品可以给我的家庭带来的好处,所以我不用看了,也不用听了,我决定马上与你签单。"

由此可见,要从跟客户打上交道那一刻开始就始终咬住不放,绝不放弃。

世界顶尖销售大师博恩·崔西讲过:"一个人要成功必须在某一个行业至少坚持七年以上的时间。"这是他研究全世界所有顶尖人士的成功经验所得出的结论。只有一定的时间才有一定的积累。因此我们在与客户第一次交谈时,就要为成功销售打好基础。这就需要首先了解客户,接着要为每一次销售洽谈制订有效的销售策略,制订以客户行为来表述的目标。

第四章

销售的沟通技巧

第四章　销售的沟通技巧

沟通的要点

在与客户第一次洽谈时为了给以后的成功销售打好基础。首先要了解客户的观点，接着为每一次销售洽谈安排有效的销售策略，制定以客户行为来表述的目标。

了解客户观点的惟一途径就是让客户与自己沟通，只有沟通才能了解客户的需求和动机。如果不清楚客户的需求和购买动机，你就不会了解整个的销售情况，而只会责怪客户造成了自己的销售失败。销售中的一个简单道理就是只有当你让客户做的事情对他们来说有意义时，你才能从客户那里获得最大限度的合作。这就意味着你必须从客户的观点出发来分析所有情

况。

当你制定自己的销售策略时,最好的办法就是制定逆向策略,也就是说从最后一次销售洽谈着手。如果销售需要多次沟通时,此时你就要认识到你如何才能达到目标,一般来说,客户行为目标包括以下内容:

(1)它必须是客户的一个可见行为。

(2)该行为必须是为了达到销售目标而出现的。

(3)该行为必须能够促进销售,即让客户靠近购买行为。

因此,为了给成功的销售沟通打好基础,所以我们就必须掌握沟通中的三个重要观念:

观念一:每时每刻都在做最好的选择

首先我们要明白的一点就是,每时每刻都在做最好的选择。就是说如果对方跟你沟通不好,他也有他自己的选择。如果跟你在一起没有感觉,或者跟你在一起感觉不好,我们可以觉得是别人不愿意选择跟我们用这种方式沟通。那我们怎么样能够让对方选择我们,跟我们沟通,跟我们合作呢?最重要的原则就是创造被别人利用的价值和机会。

实际上人生下来都是比较功利的,或者是好吃懒做的,

第四章　销售的沟通技巧

或者是付出少而得到多的。以后贡献的心态、付出的心态、责任感、使命感都是经过后天的教育和训练以及新的成长环境下培育起来的。所以当你对别人有利用的价值，而你又不断地创造它的利用率时，自然就增加了他想跟你合作的可能。首先不要想到怎么去掏客户的钱，而想到他有什么可以利用到你的地方，让对方立刻产生与你沟通的兴趣，给对方产生与你沟通的需要。创造被别人利用的价值和机会，被别人利用是好事，说明你有利用的价值，你哪天没有利用价值了，那就麻烦了。所以，我经常跟别人说如果你觉得姜岚昕有利用的价值，可以帮助你成长业绩，可以帮助你开拓事业的格局，可以帮助你丰富生命的内涵，可以提升你的品牌影响，大家就可以多多利用，你利用我对你有好处，对我也有好处，没有你的利用我的长项怎能发挥，优势如何体现、生命的价值和意义何在，所以欢迎以后利用我，多多益善。

我们怎么创造被别人利用的价值和机会呢？记住七个黄金的问句。

1.问别人所做的行业

比如说电梯上、酒店、宾馆、或者是澡堂，都可以问。在些公共的地方一见面，一个点头一个微笑：一你好!认识你很高

兴。看你形象气质很好(或能感觉到你很友好),请问你是做什么行业的呢?"

问他这个行业的趋势怎么样。

找出客户的利益点是相当重要的,一般来说,客户最大的利益点是在于省钱和赚钱,在于看到行业的趋势是否朝着有利的方向发展。当你们认识之后,你就可以接着上一个问题:"你做的这个行业太好了,请问这个行业未来的发展趋势如何?"

2.赞美对方讲得很棒,问他该怎么称呼

因为他对自己所从事的行业必定非常了解,而且讲得很好,所以会成为这个行业和公司的专家,我们这样会让他感觉到不是我们想认识他,而是他讲得太精彩,让我们产生了敬佩和兴趣;所以你要不断赞美和鼓励对方让他与你分享得更多:"你讲得真是太棒了!认识你真的是很荣幸,请问你全名怎么称呼?"

3.问对方目前在这方面或其他方面是否有困难

现今社会,无论是各行各业都充满了竞争与危机,所以你要去了解对方存在的问题和需求,未来才可能为他提供产品和服务,帮助他解决问题,与你产生合作。你可以询问对方:"请问你目前在这方面存在哪些问题或困难?请问目前影响你发展的最大障碍是什么?"这方面的问题你了解得越多,越详

第四章　销售的沟通技巧

细越好。

4.问对方自己哪方面能帮助他

要想有所得就要有所付出，所以你首先要有付出的心态去与别人交往，这样未来你才可能得到别人的支持和帮助，因此你必须不失时机地创造被别人利用的价值，在你和对方不断交谈且更深入了解后，你可以说："我可以为你提供哪方面的帮助？"当你这样去讲的时候，即使对方现在不需要你的帮助，他的内心对你也充满感激。

5.告诉对方自己是做什么行业的，这个行业的状况和前景是怎么样的

当你了解了对方以后，你可要适当地抓住机会做自我营销，让对方知道你是做什么行业的，也与对方分享一些相关的行业信息及行业未来的发展趋势，这样以后当你与对方谈到相关业务时，不至于使对方对你一无所知或者是感到突然。

6.请对方以后多多关照和支持

最后当然是说让对方以后多多关照和支持等一些类似的话语，既可以作为初次交流的礼节性结束，同时也是为以后的联络做好铺垫。比如说："王总，今天透过与你的交谈，让我有了很大的收获和启发，以后在这方面还要向你多多请教！"

做到最好的沟通还有一个很重要的就是"三七法则",30%是"说",70%是"听"。这70%的"听"决定30%"说"得有没有价值。打蛇要打七寸,打一棍子,把蛇尾巴打断了,没有打到七寸,反倒被蛇一下子把你咬了。有些业务人员没有把业务开发成功,反而被客户"开发"得要辞职。就像打蛇没有打中反而被蛇咬了一样,就失败了。

有一次一个学生向苏格拉底学习演讲,学生说:"老师我口才很好,能力很强,我要拜师学习演讲,我要做你的弟子。"苏格拉底说:"可以收你做弟子,但你要付给我双倍的学费!"学生说:"我如此优秀,为什么付双倍?"苏格拉底说道:"就因为你太优秀了,一倍学费我先教你怎么闭嘴,另一倍我才教你怎么演讲。"所以最优秀的演说者一定是最优秀的听众,最杰出的老师一定是最杰出的学生。听力决定说服力。

观念二:随时随地沟通

一位销售人员要想和客户维持长期稳定的关系,与客户随时随地沟通是非常重要的。我们知道,在高品质的交流和沟通中,要很快引发对方对你的兴趣,同时又要很快地把自己的行业和公司做一个简单的解说,把握沟通的时间和地点非常重

第四章　销售的沟通技巧

要，下面我就通过一个事例来加以说明。

比如你到澡堂去洗澡，两个人到澡堂一坐，点头，微笑然后打个招呼，就可以开始沟通："你好，请问你是从事什么工作的啊？"

对方告诉你后，你说："这个行业原来没有怎么听说，也不够了解，你做这个肯定是专家？未来的前景怎么样？"

他讲完以后，你说："讲得太棒了！"然后你就可以不断运用沟通的七大黄金问句与他沟通了，出来以后两个人说不定就成为好朋友了。因此说，现在顶尖的营销人员开发市场的习惯都是随时随地的。

观念三：无孔不入的沟通

有的客户的确有某种需求，但他没有意识到你的产品可以很好地满足这种需求。这些问题可能指的是价格、规格、数量、运货的速度、便捷性、匹配性、安全性，以及培训的需求等。在这种情况下，我们就非常有必要大家共同分享第三个重要的观念：我是空气，无孔而不入；我是水，能够进入任何容器。因为没有客户的拒绝，只有你对他还不够了解。当你还没有被客户所接受时，你要清楚地认识到这一点，同时你更要像空气一样无孔而不入，透过他的员工、他的下属、他的朋友以

及他周围了解他的人去尽可能多地了解他,当你越了解你的客户时,未来他与你合作的机会就越多。

另外,你一定要注意自己的沟通技巧,为什么这样说呢?因为语言是多变的。你要想表达一个意思,可以使用不同的语言去表达。而不同的语言表达方式也会带来截然不同的效果。例如,在你想要向别人借一件东西的时候,你最少有着下面几种不同的表达方式:

"把××借给我用用,好吗?"

"你不是有××吗?给我用用,用完了我马上还给你好吗?"

"您好!将××借给我用一下可以吗?"

"我们相互支持没问题吧?你看我能为你做什么呢?我可以把你的××借用一下吗?"

"我需要你的帮助,假如你能帮得到,凭我们的关系,你不会拒绝我对吗?"

……

你可以有无数种的表达方式。但是,无论怎样,你要想让对方把你所想要的东西借给你,你就要尽量地保持应有的礼貌,使得自己说出来的话,让对方能够接受,听起来舒服。如

第四章 销售的沟通技巧

果不这样的话,恐怕对方就是有,也会对你说没有的。

不同的表达方式会带来不同的结果。对于从事营销行业的人员来说,一定要牢牢地记住这一点。也就是说营销人员在与客户交流和沟通的时候,一定要注意到自己的语言组织,尽量地使用让客户听起来舒服的词汇及表达方式,去促成交易。

作为一个优秀的销售员,首先就要理解如何做到能够像水一样进入任何容器,有以下几种方法:

1.用催眠式的语言

使用催眠式语言让对方在不知不觉当中接收你传递给他的信息,让他感受很清楚,愿意听你的语言、厚意跟你进行合作,或者是与你沟通,或者是接纳你所表达的观点。

2."约见"转换成"拜访"

比如你对客户说约你见个面,这个方式一般别人听起来不是太有感觉的,那么你可以将其转换成拜访。

在营销的实际工作之中,为了能够促成交易,营销人员经常会主动地约见客户。而这种约见,大部分是由营销人员在电话之中向客户提出来的。我们常常地能够听到营销人员在给客户打电话的时候这样说:"某某先生,您好,我是某某,不知道你这两天是不是有空,如果有空的话,我想我们约一个时间

见见面，详细地谈谈上次所说的一些事情。"

如果你是那个客户，在接到这个电话的时候，会有什么样的感受？或许，从事营销行业的你觉得并没有什么，认为这很正常，因为，一直以来，你都是这样地和客户约定见面的时间的。在这里，我并不去说采取这样的语言有什么不好，我只是想问问你，你在采取这种语言约见客户的时候，对方的语气怎样，效果是否达到了预期的目的呢？

你肯定会说，还行，只不过偶尔对方会拒绝的。那么，你怎么不想办法使得拒绝尽量地减少呢？而减少这种拒绝的最有效的方式，便是将"约见"转换成另外一个词："拜访。"像是上面的那句话，你可以这样去说："某某先生，您好。我是某某。不知道你近期哪天比较方便，在你方便的时候我想专程拜访您。"

怎么样？如果你这样去说，对方感觉肯定与前面听到的不一样，对方可能会变得很高兴地，与你确定时间。

为什么会这样呢？还是在于你词汇的使用。"约见"与"拜访"虽然所表达的意思差不多，但是，你能明显感觉到"拜访"不仅表示出了你对于对方的尊重，还显示出了你的礼貌。

每一个人都喜欢自己被他人所尊重，成为一个重要人物的

感觉，请你能充分感受到这一点。

3.将"商讨"转换成"征询"

在与客户见面时，顾客对于某些具体的问题有所异议，千万记住要使用"征询"这一字眼，而并非是"商讨"。

"商讨"是将双方放在同等的位置，对于一件事情发表各自的看法和观点，从而去寻求一种使得双方之间的异议尽量减少的过程。"征询"则是将自己主动地放在下风的位置，让对方感到受到充分尊重的同时，自己可以按预先设计好的方向引导。

4.将"店铺"转换成"展示厅"

如果你去购买一件商品，例如衣服，价钱都一样，只不过一家是装潢较为考究的专卖店，一个是狭小的服装店，你会选择哪一家？

用不着你回答，你肯定会走进专卖店。大部分人在购买和消费的时候，越来越注重到生产或者销售这种产品的厂家和销售商的实力。就像是某一则广告里面所说的一样："中国人都相信专家。"在这儿换成另外一句话来说，便是"中国人都相信具有实力的商家"。

实力，能够给人一种安全感，会让人产生一种信赖。对于营销人员来说，一定要掌握客户的这一心理。也就是说，在客

户要求前往你的公司去看看的时候，你一定要向对方介绍，说是去"展示厅"而不是去"店铺"。你这样介绍，不但让对方感受到你所在公司的实力，也让对方感觉到你讲话的品位也不一般。

5.称客户为"合作伙伴"

在你向其他的人介绍客户的时候，千万不要说"这是我的客户"，而应该说"这是我的合作伙伴"。

你在称你的客户为客户的时候，对方的心里会感到有些不舒服，因为这句话表示了你与对方是生意利益上的关系。另外，在人们的思维意识之中，在听到"客户"的时候，总会或多或少有一点儿反感，有一种自己好像被"宰"的感觉。你在向他人介绍你的客户的时候，称为"合作伙伴"，便会消除掉客户心中的这种不自在的想法。因为"合作伙伴"表示的是双方为了共同的一个目的而走在一起，并且为之努力。

虽然用不同的语言表示出来的意思一样，然而所达到的效果和给人的感觉完全不同。语言是一门艺术，为了能够使得客户接受自己的产品和提供的服务，敬请在说话的时候，选用合适的词语，让对方感受到你的礼貌，很好地改善双方之间的关系，从而为成交奠定良好的基础。

第四章　销售的沟通技巧

6. "买到"转化为"拥有"

"你买到这个产品获得什么利益",把买到转化为拥有,就是当你"拥有"这个产品的时候,你感觉到对你将有莫大的帮助,这样讲就比较有催眠力和销售力。买到会让顾客想到是花了多少钱。拥有的时候令对方想到的不是钱,而是得到那份快乐和感觉。

7. "便宜"转换成"经济"

当说到经济的时候会想到实用,而便宜只会让人想到那句"便宜没好货"的俗语。

8. 把"广告"转换成"消息"

把广告改掉,一说到广告的时候,会引发信赖感的下降。所以当说到广告的时候,应把它改成消息,"你是从哪里了解到我们的消息,你是从报纸上或者从什么地方了解到的?"比如说曾经有一段时间,我听我的同事打电话,他们都会这样说到:"你是从哪里看的广告?"我一听给客户的信赖感就下滑,所以说广告要转换成消息。

9. 把"意见"转换成"比较关心"或者"关注"

"你对这件事有意见是吗?"我告诉各位,你在扩大反对意见,最顶尖的销售人员会把意见转换成比较关心或者关注。

"你对这个比较关注是吗？"

10. 把"提成"转换成"服务费"

别人问你拿多少提成，你说2万块，别人觉得你一个月拿2万块，这肯定是暴利，觉得你在他身上赚了大钱！如果你又说得太少，客户会觉得你的销售能力及服务客户的能力太差，而不太愿意与你合作，所以最聪明的推销人员会说服务费有多少钱。提到服务费的时候，客户会想到是因为你服务客户量比较大，服务客户比较好，拿的钱多是理所当然的，所以要把提成转化成服务费。

11. 把"成交"转换成"谢谢支持"或"合作愉快"

我们还要把成交改掉，不要说"我们终于成交了！"对方心里会想，你终于把我的钱收到手了。我们平时应该说："周总，谢谢合作，谢谢支持！"或者说："周总，我们一定会合作愉快！"实际上就是签单了、成交了，但是这样听起来比较舒服。

12. 把"问题"转换成"挑战"

我们把问题改一下，"是钱的问是吗"，我告诉你，本来就有些问题，你要重复一遍，这个问题也就更大了。催眠式的销售会说："这个钱对于你来说不是问题，是一个挑战。你肯定没有问题，一定可以做到。"所以，把问题说成挑战。

第四章　销售的沟通技巧

13. 把"员工"和"下级"转换成"同人"

当上属说下属的时候,"这个是我的员工,这个是我的下级",这样说很不好,要把员工和下级转换成同人,这样的话员工和下属听了比较舒服,感觉也会比较好。

14. 把"等"转换成"恭候"

"明天10点钟我准时在某个酒店等你。"还有一句话:"明天10点钟我准时在某个酒店恭候你。"你觉得哪一句话更令对方感觉到位?

15. 把"购买"转换成"选择"

不要说"你买这个空调,买这个手表,买这个彩电,是吗?你准备买这个椅子是吗?你准备买这个服装是吗?"只要一说购买,都会重复地让顾客联想到钱的问题,而顾客要掏钱的时候是痛苦的。我们要转换成他的选择,因为他想要的才会选择。一说到选择,他就会想到选择的理由、选择的好处,无论选择哪个都是他所想要的,他才会做出选择。

16. 把"回信"或"回电"转换成"遵照要求"

"李总你好,遵照你昨天的要求让我10点给您回电话,我9点50分就等待着10点的来临,以非常激动的心情拨通您的电话",就是说你是遵照了他的要求给他回电话,从而堵住了他

的后门，让他没有机会说"现在忙，没有时间。"这样业务就好谈了。这个方法一般是让对方难以抗拒的。你要有这种让顾客兴奋起来的感觉。当他一兴奋的时候，也就是说他是在最佳的沟通状态。

17.把"直拨"换成"专线"

把一般大客户老总办公室的直拨换成专线，当你拨通他的电话后，你说："您好，请问，这是王总的专线吗？"因为他一听专线就会想到省长专线，市长专线之类，他会有一种自己是一个大人物的感觉，听着会觉得非常地爽。

18.把"希望"转换成"一定"

"我相信你一定会选择品质比较高的产品，你会选择对你最有价值和最适合你的产品。"当你不断地说一定的时候，是刺激对方和拉动对方做决定选购你所推荐的产品。

19.把"假如"换成"如果"，"如果"换成"可以"

"假如有一个方法可以帮助你们利润增长一倍，你们有兴趣了解吗？如果这个方法有很多人使用而且很有效果，你有兴趣吗？当这个方式在你面前的时候你会做出选择吗？"先提出个"假如"，再来一个"如果"，然后来一个"可以"，这能达到层层推进的营销效果。

第四章　销售的沟通技巧

20.把"但是"换成"同时"

千万不要跟客户说"但是","但是"是比较令客户讨厌的,比如你对他说:"你们某某方面做得非常好,某某方面也做得非常棒,但是……"当他一听你说"但是"的时候,他觉得你前面说的都是废话,一个"但是"把前面的一切都否定了,没有销售力,也会令客户反感的。当你转换一下时,就会有不一样的感觉,比如,你说:"我非常理解你的想法,同时我可不可以谈一下我的认识?"这样既表现出了你尊重对方,而且表达自我意见也能引发对方的重视。

21.把"没办法"换成"怎么样能够有办法"

这样力度就不一样了。"没办法"是一个比较消极的词汇,是一种消极面对问题的方式,会让顾客失望进而影响购买情绪。而当面临问题时,你换一种思维方式,效果是不一样的。当你对顾客说:"我们应该讨论一下,凡事都是有方法可以解决的,方法总比困难多,我们最想要的答案不是没办法,而是怎样能有办法是吗?"你所有的想法,所有的思维,所有的资源都想着如何去解决问题,因此得到的结果也是完全不一样的。

22.把"费用"换成"投资额",把"预付费用"或"定

金"换成"前期投资额"

"你的产品需要多少的费用""你买我们这个产品需要多少钱,需要十万块,"这个不够有推动力,要说"你跟我们合作你只需投资十万块",这样给人的感觉就会比较好。如果需要对方预付一部分费用或交一定定金的,你可说:"你选择这个产品,前期投资额只需多少元!"

23.把"合同"换成"合作的约定"或者"协议"

我们做一个书面的约定,或者说我们做一个书面的协议。合同多严肃,多难听,令人毛骨悚然。"我们把商量好的事情书面化!"这样感觉会比较好。

24.把"说明"转换成"演示"

"我把产品给你说明一下!""我给你演示一下,我给你做一个示范",后面一句话令客户更有感觉。

25.把"不可能"换成"有些难度"、"怎样可能"换成"如何可能"

"这个肯定不可能,这么一个价格肯定不行",当肯定不行的时候,你在打击客户的热情,在消灭客户的购买欲望。我经常听到很多销售人员说"不可能"这三个字。前些天我出书时出版公司非要我拍些照片做封面,但现场的照片清晰度不够

第四章　销售的沟通技巧

好，要专门去照相。于是我和几个同人到上海淮海中路一家挺大的摄影店去拍摄，我们坐了没有10分钟，接待小姐讲了N多个不可能。因为我听到同事跟他砍价，然后说一次她就随后连续说几个"不可能"。她完全可以说："我们非常理解你，但是我们这样做有些难度。"这样既给客户希望，又可以留下客户，锁定交易。而她没有这样做，损失掉了我们这样一个很大、很长期的客户，又损失掉了一个大嘴巴宣传员，若不是老讲"不可能"打消了我们的合作热情，可能今天这个书上的案例是用另外一种方式表达出来的。有多少公司因为类似的问题损失了多少类似的顾客，而自己却全然不知。这是多么令人遗憾的事情！

上面提到的这些是我们平常的销售工作中经常用到的，还有很多沟通中用到的很多词汇也是可以去转换的，只要你平时用心，你一定会找到更容易让客户接受、更具有催眠力度的语言。希望大家平时在这方面多做积累，因为这一点是简单常用而非常有效的策略。

语言、语调同步技巧

语言语调同步技巧是指当对方说话的时候,你跟他说话的语言语调同步。比如说,假设遇到老乡在一起说家乡话,也许可能刚刚认识五分钟,都显得特别亲切。

比如说你是上海人,你出差已经有好几个月的时间,你突然回到上海听到周围的人讲上海话,可能会让你有一种温馨感。如果大家都在上海创业,你是外地的,你回到老家的时候,你走到那片土地和那里的人交流,语言语调都有很放松的感觉,让你很坦然。这都是源于语言语调的同步。当别人说OK,你也跟他说OK。他说"OK"你就不要说"是"。

第四章　销售的沟通技巧

比如说，河南人遇到事情没有问题的时候，他会说一个字"中"，他说"中"的时候你也要说"中"。北京人聊天的时候，喜欢说唠嗑儿，你就跟他唠嗑儿，这样两个人感觉比较好。

比如说，我在课程中会经常和学员做一个互动，我会写下下面一句话来让全场的男士和女士分别念一遍："在这个世界上男人没有了女人就会恐慌。"

结果就会出现，女士一般这样说："在这个世界上，男人没有了女人，就恐慌了。"而男士一般会这样说："在这个世界上，男人没有了，女人就恐慌了。"

从上面的对话中我们得到什么启示呢？我们可以看出，这是一个有停顿的句子，如果你的停顿不一样，语言与语调就会发生变化，意思就发生了变化。比如说，我在演讲的时候，我经常问听众是还是不是，有一些讲师也在使用这个方式，我每次说各位是还是不是，就把眼睛扫过去，然后把手往上推，暗示听众回答，眼睛不收回来，同时配合语言和语调的把握，总会有一批人回答，而有些讲师不是这样的，他们也在问是还是不是，往往得不到听众的回应，越是这样问下去，现场的气氛会越差。

小张原来是做皮鞋销售的一个经理,在商场的时候有营业员告诉小张说这里有的皮鞋太贵了,一直卖不掉,小问她原因,她说:"这个是意大利进口的,最便宜是几百元,最贵的好几千,每次跟顾客耐心讲这个是意大利进口,是体现他的身份、价值、品位的,顾客听完以后感觉很好,可最后一报价很多顾客很惊讶地说:'好是好,也太贵了吧。'结果我就再没有介绍了,也没有心情跟人家沟通了,觉得这些人真的没有素质。"

小张告诉她:"对这样的顾客,你应采用语调同步的技巧。"

又一次,营业员面对的还是这样一个顾客,问了很多问题,直到最后,依然像以前一样说:"你这个皮鞋好是好,就是太贵。"营业员立刻站到顾客的一边说:"就是太贵了!"没想到顾客随即说道:"贵我就买下他!"就这样一笔生意成交了,而且顾客觉得很爽。

当有顾客比较粗野的时候,你使用语调同步技巧就有可能成交。语言语调同步技巧,可以帮助你建立良好的沟通关系。

第四章　销售的沟通技巧

沟通中的扑克牌游戏

　　只要是一个有正常思维的人，他就必定有着一定的需求。在我们销售人员向他们推销自己的产品和服务的时候，对方没有接受，其原因只是没有发现到对方的需求点而已。

　　只要你拥有一定的语言表达技巧，便能找到对方的需求点，从而刺激他们的购买欲望，使得他们购买你的产品，接受你的服务。那么，是什么样的语言，具有这样神奇的魔力呢？

　　在一次专门为销售人员举办的培训课上，培训师做了这样的一个活动，让工作人员拿出一盒没有开启的扑克牌。然后，让两个学员上台，让他们其中的一人将扑克牌洗一遍，将顺序打乱，

然后，又让另一位从中随便抽出一张牌出来，但是不能看所抽到的是什么牌。能够有权利看牌的只有负责洗牌的人。负责洗牌的人将牌和在一起来回地洗动。培训师来提问抽牌学员，经过简单的提问之后，对方可准确地说出来那张是什么牌。

抽牌的人始终没有碰过那副牌，也从没有看到过自己所抽的牌，培训师却能让他准确地说出自己所抽出的是一张什么牌，你们是不是觉得很奇怪，认为培训师有特异功能，其实师没有什么特殊功能，如果真的要说有什么特殊功能的话，就是掌握了一定的语言技巧以及问话技巧。其实，并不是她知道自己所抽的是那一张牌。而是培训通过提问让她自己说出自己所抽到的是什么牌。

培训师："同学，在过去你肯定玩过一两次扑克牌，这个对你来说不是陌生的，是吗？"

同学："是的。"

培训师："你非常熟悉这副扑克牌，我想问一下一副扑克牌有多少张？"

同学："54张。"

培训师:"抽出一张还有几张?"

同学:"53张。"

培训师:"扑克有几种颜色?"

同学:"两种颜色,红色和黑色。"

培训师:"在我要说出这张牌之前,我想简单地询问你几个问题,希望你能够做出准确的回答。在你所抽出的牌之中,你认为你所抽出的牌是红色的,还是黑色的。选择其中一个颜色,你愿意选择什么颜色?"

同学:"红色。"

培训师:"剩下的颜色是什么颜色?"

同学:"黑色。"

培训师:"黑色当中有几种花型?"

同学:"两种,是黑桃和梅花。"

培训师:"你愿意选择哪种?"

同学:"黑桃。"

培训师:"那么,剩下的是什么牌?"

同学:"梅花。"

培训师:"梅花牌当中从一到十为数字牌,J到K为国王牌,你喜欢国王牌还是数字牌?"

同学:"数字牌。"

培训师:"数字牌中,1、3、5、7、9、是奇数,2、4、6、8、10为偶数,你选择什么?"

同学:"我选奇数。"

培训师:"剩下那一组的牌叫什么牌?"

同学:"偶数。"

培训师:"假使2、4、6为一组,8、10为一组,你喜欢哪组?"

同学:"我先择8、10这一组。"

培训师:"选择了8、10,还有一组是什么牌?"

同学:"是梅花的2、4、6。"

培训师:"假设2和4为一组,梅花6为一组,让你选择,你选择哪一组牌?"

同学:"梅花2和4一组。"

培训师:"那剩下的是什么牌啊?"

第四章　销售的沟通技巧

同学："梅花6。"

其实一点儿都不神奇。在培训师所问的问题之中，只要你仔细地想一想，便会发现在所有问的问题之中，都是有着固定的引导性的问题，让同学自己向着固定答案而去的问题。询问问题，就是让对方在固定的范围之中做出选择，一步一步向自己预期的目的走去。

在销售人员面对客户向他们推销产品的时候，每一位顾客都是有需求点的。就像上面我所说的活动一样，在一副扑克牌里面必定有着属于对方的一张牌。那么，到底是哪一张才是属于你面对的客户呢？这就看你怎样去诱导对方，让对方将自己的需求说出来。

从这则小游戏之中，我们可以得到以下的几点启示：

1.沟通是对话，而非演讲

销售的过程，其实就是一个语言的交流和沟通的过程。每一个销售人员都知道沟通在营销过程中的重要性，但非常遗憾的是，虽然销售人员意识到了沟通的重要性，却往往由于一种习惯的思维让自己陷入了一种误区，把"沟通"单纯地理解成了"说"，就是在见到顾客后，只是一味地在说，在告诉对方产品怎样怎样的好。问题的关键在于：

（1）你所说的对方能够全部接受吗？

（2）你像唱独角戏一般地介绍，会使对方产生购买的欲望吗？

（3）你告诉给对方的就是对方想知道的吗？

当我们在向顾客介绍和推荐产品时，我们是不是考虑到了这些呢？作为一个销售人员，不管是采取什么样的方式和方法与顾客接触，最终的目的还是要让顾客接受、购买自己的产品。你所关注的应该是顾客本身有什么需求、有什么样的问题，而不是去告诉对方一些什么。你应明白这一点，你想告诉给对方的，在很多的时候，是站在自我的角度上，一种自以为是的想法。或许你认为你所要告诉给对方的一定能够刺激和打动对方，使得对方会产生购买的欲望。事实上真的是如此吗？可能有许多的销售人员在向顾客充满热情地介绍和推荐产品的时候，对方却是一副心不在焉的样子，因为顾客对销售人员所讲的好像没有任何的一点儿兴趣。理所当然，销售人员想要对方接受产品的目的就化成了泡影。

为什么会出现这样的原因呢？就是销售人员在与顾客说话时，只是站在自我的角度上去告诉对方，自己认为对方想知道，能够刺激顾客购买欲望的信息。

第四章　销售的沟通技巧

不是因为推销而产生成功，而是沟通得好产生成效。这就是创造顾客感觉的一个重要原则。就是说销售人员要想在推销产品的时候取得成功、达到预期的目的，在向顾客推荐产品的时候，所做的不是自己一个人说话，而是要与客户对话。

在郑伊健和黎明主演的《双雄》之中，黎明所扮演的催眠大师曾经说过这样的一句话："要想催眠对方，就必须找出对方心中最隐秘的地方。"销售人员在向顾客推销产品的时候，要想使得对方接受，便必须找出对方真正所需要的，然后，根据对方所需重点地向对方传递出这方面的讯息。也只有如此，才能够真正地勾起顾客的购买欲望，刺激顾客的消费热情。

在向顾客推荐产品的时候，请销售人员一定要记住这一点：你在向顾客推销产品时，最佳的方式便是采取"对话"的形式，而并非是"说话"。采取"对话"(交流和沟通)有以下几个方面显而易见的好处：

首先，在对话的过程之中，能够发现顾客的需求点。例如：你所推销的是一种品牌的CD，各种各样的款式都有。如果，你一味地向对方诉说这种品牌的质量是怎样的好，几乎不允许对方有任何发言的机会。你的成功率是多少呢？对方可能真的有这方面的需要，但是，你所说的一切在他听来好像又不

怎么合适。对方是一个非常喜欢音乐的人,他一直就想购买一台能够随身携带的CD机。可是,因为你只是一味地告诉对方,对方没有说话的机会,你又怎么会知道呢?

其次,对话还能够制造出良好的购买氛围,能够从情绪上影响对方的决定。根据社会学家和心理学家的研究,人们的决定在很多的时候是由情绪所决定的,当他们要想做出某方面决定的时候,也会从情绪上寻找出理由来帮助自己决定。销售人员大多数都有这样的经历,一个劲地向对方介绍产品是怎样好的时候,往往不能够取得成功。反之,在和对方沟通交流的时候,关于产品方面的信息提及较少,聊其他的事情较多,双方感到轻松和愉快的时候,对方竟然会出乎意料地购买。这就是因为你的沟通交流,即对话的形式,制造了良好的营销氛围,让情绪影响了对方。

再次,当销售人员在与顾客交流、沟通的时候,能够显示出自我的素质以及让对方感到应有的尊重。人们在很多情况下,会变得些莫名其妙,连自己都无法说清楚是什么原因。顾客购买商品,有时,并不是真的需要。而是销售人员向他推销产品的时候,满足了他们备受尊重的感觉。

要想让对方接受你,首先你便要接受对方。只有找准对方

真正的需求点,才能够具有针对性地满足顾客的需求。这一切都隐藏在对话之中。请从事销售行业的朋友,记住你在向顾客推荐产品的时候,一定要做到与客户"对话",而不是你说他听。当然,由对方一直说,你一直听不做回应,也不好。

2.对话的重点是提问和反问

销售人员在与顾客相互沟通和交流的时候,一定要记住,沟通是"对话"而非单方面"说话",还要记住:要把重点放在"提问"和"反问"上。我认为,销售过程中的沟通,其实,就是销售人员和顾客之间关于产品和服务的一场交流讨论会。所有的销售人员都可能知道,拒绝是顾客的惯性。我们要想达成交易,就要积极主动地寻找出对方之所以拒绝的原因所在,以便有针对性地打消他们的顾虑,激发他们的购买欲望。

拒绝的原因对方不会主动地说出来,它需要我们运用良好的语言技巧去挖掘。方法便是提问和反问。有关这方面的问题,后面有专门的章节讲述。

3.提问和反问就能得到你想要的答案

在问题出现的时候,唯一的解决方法便是着眼于问题的本身,去弄清楚产生这样问题的原因,才能够找到真正解决的方法。"所有的问题都不是问题,问题的答案就在问题之中。"

整个销售过程便是销售人员和顾客交流和沟通的过程，也是销售人员不断地发现问题和处理问题的过程。然而，一些并不怎么成功的销售人员的最大的问题，是他们在一开始向顾客介绍产品和提供服务的时候，就被顾客开口拒绝。在遇到这种情况时，他们不知道应该怎样去解决，变得束手无措，他们认为对方不可能会对自己的产品和服务产生兴趣，便主动放弃了。

　　一个人只有对不感兴趣的事情才会淡然。只有当他们对某一事务感兴趣才会有着许许多多的问题，并且对于那件事情越发地感兴趣才会有着越来越多的疑问，有着越来越多的问题。顾客对于销售人员所推销的产品和所提供的服务有所疑问，提出各种问题，说明他们对这些产品已经有所关注，想要进一步了解。

　　问题的出现对于销售人员来说并不是坏事，而是你已有可能与顾客达成交易的先兆。你所要做的便是通过一定的方法寻找出对方之所以抗拒的原因。你要将大问题转化为小问题，将小问题一个个地消除，从而使得顾客产生购买的欲望。

　　提问，便是发现问题，解决问题的最好契机。学会提问，善于提问，便是成功营销的又一技巧。

　　凡事有果，必有因。顾客之所以拒绝你的产品，拒绝你

第四章　销售的沟通技巧

所提供的服务，必定有一定的原因。请各位记住，拒绝不是问题，只是一种表面现象。对于想要成为卓越销售人员的你来说，所关注的是什么原因才使得顾客拒绝的。作为销售人员，你要善于提问，提问也有一定的技巧，并不是任何一种方式的提问都能够达到预期的目的。下面我所讲述的一个案例可能会对你有所启示。

推销日用洗涤用品的伍平在敲开了某栋居民宿舍楼的一间门之后，开门的是一个肥胖的中年妇女，一脸的冷漠，冷冷地扫了他一眼之后，便问道："你找谁？有什么事情吗？"当她得知伍平的来意之后，冰冷地说了一句："我们不需要。"

一般推销人员在遇到这种情况时，便会自然而然地认为不可能使对方购买自己的产品，便主动地离去。但是，有着多年实际销售经验的伍平并没有因此退却。在面对每一个顾客的时候，不管对方拒绝的态度是怎样的坚决，他都不会轻言放弃。对他来说自己面对的每一位顾客都有可能会和自己达成交易。对方拒绝必定有原因，自己应该主动地去挖掘原因所在，将这个问题解决之后，对方便有可能会接受自己的产品和服务。

"是吗？实在不好意思，打搅你了。不过，我有一个问题

想问问你，你为什么在我一开口，还没有等我说出我所要对你说的是什么，你便一口拒绝，能告诉我到底是什么原因吗？"伍平微笑着说。

"什么原因？你们这些上门推销的，都是骗子，所推销的东西虽然便宜，全都是垃圾。"中年妇女愤愤不平地说。

"是的，我能够理解你。现在确实有一些销售人员是这样做的，我跟你一样讨厌这样的销售员……"

伍平顺着对方的话说，同时发现了问题的所在，他便通过一种较为委婉的方法使得自己与对方能够继续交流和沟通下去，最后使得对方消除心中的不满，并接受了伍平所推销的产品。

一定要记住这三句话："做沟通最重要的是对话而非说话；对话的重点是提问和反问一些问题；提问和反问就能得到你想要的答案。"这三句话总结了沟通中非常重要的精髓。我一直都在采用这三句话，我每次演讲，做销售都是这样的，每次都有效果。所以最简单有效的方法就是重复去做，你一定会得到持续的，非常好的结果。

不管你卖什么产品你都要这样去做，如果卖保健品，你就要问他："你近来的身体状况怎么样？"他说："好。"那你

第四章　销售的沟通技巧

问："要不要更好？"他若说："不太好。"你则说："这种情况要不要继续下去？如果有一种方式可以帮你做调整，你是不是觉得需要重视一下？"他说："是的。"每一个问句都在引发对方的兴趣。

如果卖美容化妆品，看见顾客就要说："大姐，你真有魅力，想不想更有魅力？"对方说："想。""你是想早一点有魅力还是晚一点？""当然早一点！""越早越好是不是？""是的！""过了今天晚上还是今天晚上以前？""今天晚上以前。"

请记住：最重要的是跟他对话，对话的重点是问问题，对方回答的就是你想要得到的答案，这样的沟通才是最有效果的沟通。

询问有技巧

大多数销售人员都会向客户询问各种问题,但是这些问题的效果取决于销售人员的询问技巧。

销售提问是非常重要的。如果不清楚该问什么样的问题,那么你可以向自己的经理、同事或专家寻求帮助。

如何提问和提问什么问题是一样重要的。有效的提问需要技巧、训练、知识以及自信。你也不希望自己问起问题来像个检察官吧。

当在准备问题时,应该考虑一下提问的框架、速度以及能让客户说话,并进行无拘无束交谈的方法。

第四章　销售的沟通技巧

你提问的措辞、提问的场合以及提问的顺序,都直接影响着客户是否愿意参与对话以及你能否从中得到有利信息。比较一下"谁做决定"和"当你回答这件事时,你的决策过程会涉及哪些方面"这两个问题。第一个问题可能促使客户给出一个简短、不完整且令人误解的回答;而第二个问题由于已经认识到客户的角色,因此很可能促使客户给出一个更加准确、包含更多有用信息的回答。

以提问作为开场白可以使销售洽谈更积极活跃。把对客户的回应作为提问的引言,可以激发客户谈出更多的信息,比如,你可以这样提问:"我知道这要花很多时间,你现在是怎么处理它的呢?"在比较敏感或有感情色彩的场景下,你可以用表示深有同感的话作为开场白,在询问方面也是有技巧的。下面我就教大家几招问问题的绝招,这几招我用了多年,很有效,我首先送给大家一句话,没有错误的答案,只有错误的提问,没有不好的结果,只有不好的发问方式。为什么客户给你的答案是不行、不可能,原因是你自己问错了问题。没有不好的销售结果,只有不好的发问方式,因为你的发问方式已经决定了这样的销售结果。人与人之间的沟通是不会有问题的,除非你问错了问题。

注意询问的方式

我分享几个问话的方式,这是每一个营销人员走向成功应该具备的方法。

第一,问回答"是"的问题

在我的销售经历中,就经常会问一些"是"还是"不是"的问题,那么应该如何问呢?有下面一个例子:

问:"学习很重要,是还是不是?"

答:"是的。"

问:"通过很好的学习与进步可以帮助你公司更有竞争力,是还是不是?"

第四章 销售的沟通技巧

答:"是的。"

问:"通过学习可以找到很多的方法避免少走很多的弯路,是还是不是?"

答:"是的。"

问:"在竞争的时候你需要更有优势,是还是不是?"

答:"是的。"

问:"如果能帮助你提升竞争的优势,可以帮助你提升公司的品牌,帮助你的团队更好地提升工作效率和业绩,你绝对不会错过!是还是不是?"

答:"是的。"

问:"是立刻不要错过还是马上不要错过。"

答:"马上。"

问问题时,开始宽泛地问,最后锁定在目标上,由松到紧,让对方不断地说是,这样就接近你要的结果了。

所谓问对问题,就是不要漫无边际,毫无目的地提问,而应根据不同场合、不同对象,围绕对方感兴趣的事有针对性地提问题。

1.问对方感兴趣的问题

有人对演讲方面感兴趣,有人对自己的行业感兴趣,有人对象棋方面感兴趣,有人对旅游感兴趣,有人对娱乐性活动感兴趣,你要先围绕对方感兴趣的事情提出一些问题,然后逐步引到主题上来,达到你的目的。

2.要问轻松愉快型问题

千万不要问使对方紧张或不愉快的问题。轻松愉快地问这些问题时,不会让他有紧张、难堪、尴尬或者不够体面的感觉。比如本来他破产了,你问他:"你公司又赚了不少吧?"本来人家到现在还没有找到女朋友或者正在闹离婚,你问一个关于这方面的话题,那他也会不愉快的,这样一问业务就没戏了。

3.要问能够给他带来好处的问题

我们卖产品就是带给客户好处。比如说,你要卖美容品,那你就问他,"请问一下,最近我发现了一个非常有效的方法可以使皮肤更好,使用一个小时就会有一个很好的效果出现,你有没有兴趣来尝试一下?"当你这样问的时候,因为你给他的是好处,可能就会引发他对你这个产品的好奇心和了解的愿望。

4.问避免重复性错误问题

避免重复错误,就是说顾客过去购买过类似的某个产品,

第四章 销售的沟通技巧

而这个产品不是你们卖的,但是这个产品有一些问题、他不太满意,你就可以引导说,"你上次选购的产品,我相信你会觉得有一些遗憾,你要让这个遗憾继续发生吗?你想让要这个遗憾一直困绕着你吗?你要不要做一些调整?"问这些问题的目的就是让他避免重复已犯的错误,从而启发他跟你合作。

5.问能延伸快乐的问题

每次演讲我都会问听众"你们觉得这个内容听了感觉怎么样,好不好,收获大不大,有没有价值""你觉得上午这么好,下午会不会更好,这个阶段这么棒,下个阶段会不会更棒"这些都是延伸快乐的问题。如果你的老客户买了你的产品很满意,很认可,那你在问问题时就做一个回顾,把过去跟你合作的快乐延伸下去,这样就变得很容易沟通,对销售也有帮助。当然这些方法我们需要不断练习方能熟而生巧。

第二、迂回问问题法

比如,你推销产品时有人会跟你说:"我不需要。"这时应怎么办呢?难道跟他说:"你不需要,你为什么不需要?你凭什么不需要?你干吗不要?不要也得要!"这样行吗?最有效的办法或是迂回问问题。看看下面这个卖音响的例子:

销售:"请问你需要一套音响吗?"

顾客:"我不需要。"

销售:"你不需要,请问你觉得谁会需要呢?"

顾客:"我的顾客需要。"

销售:"为什么顾客会需要呢?"

顾客:"因为音响给他生活带来快乐。"

销售:"为什么呢?"

顾客:"因为可以听歌、可以听轻音乐,也可以自己唱歌。"

销售:"这有什么价值呢?"

顾客:"可以放松身心,享受生活,拥有快乐。"

销售:"周总,你需要放松身心、享受生活、拥有快乐吗?"

顾客:"需要。"

销售:"你真的需要吗?"

顾客:"真的需要。"

销售:"如果音响能满足你放松身心、享受生活、拥有快乐的话,你一定会给自己这样一个机会,是吗?"

第四章　销售的沟通技巧

顾客："是的。"

这样就化解了不需要的抗拒，并迂回成交啦!无论是卖房地产、卖办公家具、卖广告、卖保险卖任何的产品，当你面对类似问题时，都可以按照这样的迂回问话方式来激发客户的需求并成交。

由此看来，迂回问问题主要掌握以下几个重点：

当顾客说不需要的时候，那你就问谁需要呢？谁有可能要呢？

"为什么呢？"

"你觉得他们什么时候需要呢？"

"你觉得会在什么样的地点需要呢？"

"什么样的情况下会选择呢？"

"我怎么样做，你会接受跟我们合作呢？"

"谈了这么多我能为你做点什么呢？或者是谢谢你教了我这么多，我能为你做点什么呢？我们刚才所说的有哪些适合你呢？"

到此为止，大家有没有发现当我们说到第六点的时候，实际上已经让他帮我们出主意了，同时他自己也在说服他自己。从第七个已经转移开始向他销售了，也就是说我们通过迂回来进营销售和推广。

沟通有方式

在销售过程之中,销售人员大概都有这样的经历,就是在还没有和顾客成交之前,大部分的时候,交流和沟通得还算不错。可能在那个时候,销售人员在心里面还打着如意小算盘,认为十有八九会达成交易。然而,事实呢?一旦真的提出交易请求时,客户却在寻找各式各样的借口和理由推脱。

有一位销售人员,有一天大清早,他敲开了经理办公室的门,向经理诉苦说他现在负责的客户太难对付了,他真的不知道那个客户心里到底是怎么想的,在开始交流和沟通的时候,什么都好说。然而一到关键时刻,便立刻变成了另外一个人,

第四章　销售的沟通技巧

拖拖拉拉的，还找很多的借口。已经联系了将近半个月的时间了，他就是没有任何反应。

"我不想再跟这个客户了!他完全没有任何的诚意!"他征求经理的建议。

在他说这些话的时候，经理没有说什么，只是在静静地听着，直到他将所有的话都说完之后，经理才问道："那么，你想怎么办真的不想跟这个客户了吗？"

他变得有些犹豫起来，过了好半天才说道："不过，我还是觉得他有着潜在的需要，如果……"

"如果，怎么着？"经理继续问。

"我想如果，我再跟下去，了解他更多的问题和需求以及不能做出决定的原因，再找出相对应的解决方案，说不定会成交的。"他说道。

这时经理说道："这正是我所想要听到的话。我相信他认识到了这一点之后，便一定会成功。结果在这之后的第三个这个销售员和客户达成了合作。

有许许多多的销售人员在受到一点儿挫折之后情绪就会变得十分低落，并产生一种抱怨的心理，将不能够成交的原因全

部归结到顾客的身上，认为没有一个好客户，在接下来的销售过程中，便带着这样的情绪面对顾客。其实，具有这样的思维和意识是完全不正确的，它会使我们丧失掉很多有望达成交易的机会。

在销售中要提高成交率，我认为必须做到三点：问到好处，听到关键，说中要害。为了做到这三点，必须注意下列几个重要问题。

1.一次只问一个问题

在与顾客交谈中，一次不能连续问几个问题，只能一次问一个，而且要等他回答后才问下一个。比如我们卖矿泉水，在向顾客说明了水对人体的重要性——人身体70%都是水，假设一个人七天不吃饭仍可以活下来，假设一个人不喝水却只能活三天，那么水对我们来说是非常重要的。你可以这样问："一个人不吃饭能活多少天？""不喝水能活多少天？""你觉得喝水重不重要？"但这三个问题不能连续问，连续问给人的感觉和产生的效果不好。

每次只问一个问题，还要问到对方回答或者听到对方说出答案后，或者引导出答案后再问。比如说有的讲师讲课时会问："各位成功需要下定决心对不对？"结果没有一个人反

第四章　销售的沟通技巧

应。他还继续问："一个人成功需要努力对不对？"又是没有人回答。他又问："一个人成功需要很好的销售技巧对不对？"还是没有人回答……这样会越问越死的。而在我的演讲中当我问"各位，一个人要成功，需要下定决心，是还是不是"时，听众如果不回答，我就不问下一个问题，或者我再重复一次刚才问的问题让听众回答，或选听众代表来回答，我会一直等到有回答为止，否则我就不问下一个问题，麦克风也不收回来。

2.再问一遍

你前面问过的问题在后面的谈话中又再问一遍，若对方不回答就再问。有很多人做销售不懂这个，每次连续问几个问题，人家不知道回答哪个，要不就是问一个问题客户没有给他回应，没有沟通，然后他就又问另外的问题，这样顾客是基本上没有心情听你讲话的，拉动不了他的购买情绪。要明白，顾客买产品的同时还要从中得到精神上的享受。

3.多问为什么，或者给对方理由让他确认

这是非常重要的。比如说，你和对方讲："老总，你一般情况下不仅关注产品的价格，更关注产品的品质和服务，是不是？"他会说："是的。"你再请教："为什么关注产品的品

质和服务，而不是单纯价格呢？"……做销售就是要这样：多问为什么。同时要注意，在问问题的时候，对你不利的问题不要问为什么。对方说："我不需要！"你就问："你为什么不需要？"他会讲很多不需要的理由和原因，你应说："怎么样才需要呢？为什么呢？"这样就比较好。对你问的为什么，对方所回答的理由一定可以促成交易，或者对成交有利。总之，你要多问为什么，或者给对方理由让他确认。

4.注意重复、停顿、反问

（1）重复，就是当对方没有回答时你要重复一遍，当对方没有搞清楚什么意思时你要重复一遍，当对方对你说的事情没有高度重视时你要重复一遍。

（2）停顿，就是在你问问题的过程当中，当你需要停顿的时候你要停顿，可以让对方有一个接话的机会。

（3）反问，反问就是当对方问你一些问题的时候，如果你觉得你的回答不是最佳的时机，你可以反问对方。

比如，有人问："我能不能免费上得到这本书吗？"如果我说能，那他会说："太好了！"我说："不能。"他会说："怎么这么一个水准呢？真不近人情。"我会笑笑说："你觉得你可不可以免费得到吗？"如果他说他觉得可以，我就说："你觉得可

第四章　销售的沟通技巧

以，那其他人怎么办呢？你免费了，为什么其他人要交费呢？你让我做人公平一点，还是比较不公平呢？"你自动把他的问题反问过去了。发问建立掌控，很多答案都是来自好的问句，所以，反问是很重要的，它对你具有非常大的帮助。

　　沟通与销售光靠问是不行的，听也是同等重要的。要运用倾听的力量促成销售，达成交易。

说服顾客的技巧

下面我跟大家分享说服的四大信念,这四大信念一直陪伴我,使我在多年的实践中创造一个又一个的销售奇迹。

信念一:能在任何时间、任何地点说服任何人

当你准备在任何时间、任何地点说服任何人的时候,开始可能客户对你很反感,因为你没有充分体现自己的能量。可贵的是,即使客户一开始很反感,你还有坚定的意志和信念去沟通说服,最后客户会对你佩服得五体投地。他会觉得你这个人很厉害,如果你能让你的客户事前恨不得骂你,到最后却说:"你真厉害!我太佩服你啦!"这样的话你的客户就会彻底买下

你，与你相关的产品也会随之买下。

下面和大家分享一些能帮助我们成交的人和单位团体：

1.能弄到门票的人

结识能弄到球星、演唱会、演讲会、招商会、行业交流会等门票和车票的人。有时当客户有这方面的需求时你可以为其解决问题，给客户留下好感，对于你日后的销售有很大的帮助。

2.酒店和旅行社

酒店有大量的客人吃饭，还要经常开会，是人群比较集中的地方，容易在短时间集中认识很多朋友。旅行社经常走团，不是经济条件不错的个人就是一些效益较好的企业，一般购买力都比较强，与他们打交道效果比较好。

3.中介公司

中介公司是贩卖信息和资源的。中介公司主要的业务核心就是贩卖信息和资源，透过中介公司你能掌握很多的信息和资源。

4.协会和商会的领导人

结交协会和商会的领导人对你有很大的帮助。化妆品协会会长曾安排我做一场演讲，整个行业来了两三百家公司，他们相互传递和分享我的演讲知识，我的影响力一下子在整个行业产生了，一场演讲就辐射了一个行业。

还有一个明珠家具城,虽然不是一个协会,只是一个商场,但全国有500家以上的家具公司都在他的家具城租赁场地卖家具。由于领导的安排我在那儿进行了一场演讲,有500多听众,我讲了三个小时,立刻在家具行业产生知名度和影响。你不能跟我一样用演讲的方式销售,但有一点是肯定的,只要你认识这些协会和商会的领导人,就可以结识其所属公司和机构的许多朋友,对销售有很大好处。

5. 广告策划和培训公司的人

这两种公司所服务的客户都是一些不安于公司目前状况的人,而且愿意花钱的人。他们的资源就是你最好的客户来源。有人就曾和我说:"咱们合作开一个公司,不需要你做任何投资,挂一个名就可以了,你把你的资源与我们共享,就是对我们最好的支持。"对方之所以这样做有一个很重要的原因,就是看到我们培训学员的资源可以转化成销售的渠道。所以,你一定要认识这样的人。

6. 印刷厂、制作名片的公司或者打印店

认识这些单位的人便于我们收集一些潜在客户的很有价值的资料。对我们日后的销售有很大的帮助。我的员工看到哪有打印复印店,就会去打印名片,跟他们交往。关系熟悉了就可

第四章　销售的沟通技巧

以拿到很多客户名单，可以进行陌生的电话营销或者可以抽机会去拜访，如果能通过引见的方式会更有说服力。

7.注册公司

和注册公司的人交上朋友，是非常有价值的。注册公司每天都在帮人注册，登记客户提供的资料。这对我们搜集客户资源是一个很好的免费渠道。我们可以帮助注册公司找客户，同时也请他们帮我们介绍客户。

8.同行互换客户资源

比如说陈老师在广东演讲，而我在上海演讲，我就把广东认识的朋友介绍给他，而他可以把他在上海的一些资源介绍给我。这样实际上形成了同行当中资源的互换和共享。区域不同，产品不同，运作方式不同，我们互换一些客户资源，对双方都有好处。越分享越多，资源也越来越广。苹果与苹果的交换，各自还得到一个苹果，然而资源与资源的交换，每人都获得两个资源。所以这一点也是非常重要。

前面我介绍的询问、倾听、挖掘资源都是在实践中总结出来的经验。万事开头难，销售工作也一样，要和客户建立良好的关系，必须首先做好接头工作。那么，如何与客户接好头呢？下面介绍几个技巧：

1.帮助客户赚钱

优秀的生意人都知道,要自己赚钱必须先让别人赚钱,要别人做你的朋友,必须先把别人当朋友。在交谈中你让对方觉得能得到好处,比如说使用你的产品可以帮助他增加50%利润,或者透过你们的合作会帮助他有更好的业绩增长,我想任何人都会愿意的,那交流起来就会很融洽。

2.帮助客户省钱

顾客购买的总原则是,同样质量的商品,如果价格不同,那他一定会买便宜的。所以,如果你的价格比别人低,往往都是可以促进合作成功的。

3.帮助客户做省时省力的事

如果能做到这点,顾客就是多花点钱也会买你的产品。

4.帮助客户提供有用的资讯

优秀的人都知道资讯的重要性、资讯就是资金,所以你要尽可能地提供一些有用的资讯给客户,他就会感激你。

5.帮助客户提高地位和成就感

如果客户跟你的合作能够提高他的地位,能够提高他的成就感,可以让他的生命变得更有价值,那他当然感兴趣。

第四章 销售的沟通技巧

6.帮助客户寻找快乐的感觉

现在由于工作上的压力,每个人或多或少都想要放松,想要寻找快乐,想要发泄情绪,如果在这些方面能为客户做点什么,对我今后的合作将有好处。

信念二:没有我说服不了的顾客,只有我对他不够了解

在与客户交流和沟通的时候,虽然我们准备得相当充足,可是却不能达到原有的效果,让对方产生购买和消费。这究竟是什么原因呢?大部分销售人员将失败的原因归结到自己的技巧方面,认为自己没有能够很好地发挥出语言口才的优势。难道真的是如此吗?

在很多的时候,没有能够促成交易不是我们缺乏语言表达的技巧或者没有很好的口才,而是对客户的了解不够多,不能够真正知道顾客有哪一方面的需要!这就像是我们在射箭的时候,不知道自己的目标在哪儿,凭空放箭,又怎么射得中目标呢?所以,要想提高成交概率,必须树立这样一个信念:没有我说服不了的顾客,只是我对他不够了解。换句话说,如果一个顾客你说服不了,那是源于你对他还不够了解。你对他越了解,就越增加了说服他的可能性。

产品介绍是销售洽谈中不可缺少的一个重要环节。在了

解了客户需求后如何针对客户来决定产品介绍的侧重点呢？优秀的销售人员在与客户谈论自己的产品之前会做好各方面的准备。除了全方位收集客户信息，核查谈话中客户的反馈，对此进行深入分析并挖掘客户的需求外，还会在谈论产品前将谈话步骤、要谈及的问题全部罗列出来，安排它们的先后顺序，并对客户可能提出什么样的问题进行判断。

谈论自己产品最难把握的是明确客户的关注点或利益点。在实际过程中，一个优秀的销售人员要用"望、闻、问、切"来判断如何向客户进行产品介绍。

1.望

观察客户，以客户喜好的方式谈话。

2.闻

在对话过程中，核查客户的反馈，不断修正自己对客户关注点或利益点的判断，把握产品介绍的进程。

3.问

销售人员要为客户担当策划师的角色，为他提供全面、准确、最适合的策划方案。因此要多问、多沟通，不然，为客户提供的方案，不一定是最适合的。

第四章　销售的沟通技巧

4.切

有时客户自己并不一定了解他的实际情况，所以适当的时候，销售人员应找出客户的真实状况和真实的需求。

没有说服不了的客户，只有我们对他不够了解的客户。了解越多，说服的概率越高。有些推销员并不真正了解客户的需求，于是他们走进"拒绝——寻找新的顾客——再被拒绝——再去寻找新的顾客……"这样一种怪圈，尽管他们不停地奔波，但毫无结果。顾客的需求是多种多样的，每种需求的满足方式也是多种多样的，我们应该充分理解这一点。就像我们现在住在上海，要到北京去，有着若干种方法，可以坐飞机，可以坐火车，还可以坐汽车等等，都能够达到目的地。可是对于患有恐高症的人来说，让他们乘坐飞机，他们肯定会拒绝的。喜欢清静的人让他去挤火车，也很难办到。销售也是一样，要想说服客户，让对方去购买，便必须充分地去了解客户，寻找到客户产生拒绝的原因所在，才能予以消除，促成消费和购买。

信念三：没有客户的拒绝，只有放不下自我的面子

在营销的过程之中，很难有唾手可得的成交。销售过程就是销售人员接受顾客的拒绝，消除他们的抗拒，让他们从怀疑

你和你的产品,到慢慢地认知和接受你的产品的过程。

可是,在现实之中,许多的销售人员在遭受顾客拒绝之后,往往将失败的原因归结为顾客,认为顾客不是真的需要这种产品,从而放弃,去寻找另外的顾客。可是,当他们与认为有成交可能的客户接触之后,对方又是拒绝……

为什么很多的销售人员说服不了客户,是因为他太要面子了。朋友们,不要太要面子了,面子不是你自己要的,是别人给的。面子不是自己说有就有的,而是通过你很多的行动去感召别人,让人对你产生敬重,然后赋予你面子的。为什么很多高学位的硕士、博士做不了营销,而高中毕业生却可以成为王牌推销员,就是因为他们学历越高,就越要面子,结果没有什么好的结果。

每个人都需要拉下脸面做销售,你还有什么理由,什么借口不能拉下那张脸面呢?在现实中,有多少人因为要脸面而失去了更多的脸面。只要你勇敢地做你害怕的事情,害怕终将会灭亡。所以不要害怕,害怕什么!相信我的书可以真正帮助你以及像你一样不安于现状的朋友改变命运,获得成功!

信念四:我可以解除顾客的任何抗拒点,我是最受欢迎的人

销售,从某种程度来说,便是在不断地接受顾客拒绝并与

第四章　销售的沟通技巧

顾客比拼意志的过程。在前面我已经讲到销售人员只通过与客户一次交流和沟通很难成交，除非对方真的有迫切需要。一般来说，客户的拒绝是最为自然不过的事情。

当你向顾客推荐产品时，顾客会有很多的借口，因为顾客都是同一个学院毕业的，这个学院叫借口学院。在这里我专门对其做了回应。当然，推广任何产品都有语言上的差异，我更相信隔行不隔理的真谛，回去根据你的行业做一些转换就可以了。

1."我想试用"

试想，他为什么想试用呢？试用就是他对你产品有认同和购买的欲望！所以你可以说："请问你为什么要试用呢？"当他说完以后你说，"你试用是为获得什么呢？是可以帮助你得到很多利益和方便，尽管有一些投资，你是不是认为是值得的呢？"用他的话说服他自己，"如果可以得到这些好处，即使投资一点也是值得的。假如你因为某种原因而没有得到以上想要的好处，对你来说是不是一个很大的遗憾和损失呢？你肯定不希望这个遗憾和损失在你的身上发生，是吗？"在这个过程中，实际上我们都是在转换客户的注意力，解除客户的抗拒点，使他无法运用说不可以、不行、不能等负面消极的语言模式。

2."我很忙"

你可以回答他:"我知道你很忙,那你肯定希望忙得更有价值、更有生产力、更有效率、更有意义,是吗?"

他的回答一定是肯定的。那卖什么产品可以有如此效果呢?做保健品的可以让他身体更好,可以让他忙得更有价值;卖床垫的可以让他睡得更香,可以让他忙得更有价值和生产力;今天我是卖书的,看了我的书会让他忙得更有效率,更有意义,更有生产力;你卖的是美容,这样可以让他变得美丽一点,这也可以让他忙的更有效率和生产力。卖什么产品都可以让他更有价值、更有生产力、更有效率!所以你接着说:"你只需要投资一点儿时间,却可以让你忙得更有价值,更有生产力,更有效率,让你三到五年都有用,这是好还是不好呢?你准备安排在今天上午还是下午,是准备安排在今天还是明天,我们详细沟通一下好吗?"如果他回答明天,我们再继续确认,上午是9点到11点,下午是14点到17点。上午不要约到11点以后,因为万一谈成付款时财务可能不在,下午不要约在17点以后,因为财务不在,这个单子就泡汤了。如果这样没有约到,他说明天后天都忙,你接着说:"你这两天比较忙,是吗?"

他说:"是的。"

第四章　销售的沟通技巧

"也就是说你礼拜一和礼拜二是最忙的,那么礼拜三你就相对方便了,是吗?"

他说:"是的。"

"那就约礼拜三的具体时间。"

如果说"礼拜三没有时间",前面说的是最忙,后面不承认了,那怎么办?

接着问:"下一个礼拜方便吗?"若回答方便,就确定下个礼拜具体时间,如果说"下一个礼拜也不方便。"你就说:"我知道了,最近两个礼拜是你最忙的时间,你肯定不希望我去打扰你,是吗?"对方会说:"是的。"你接着说:"那我就遵照你的意思,最近两个礼拜我绝不去打扰你,你看好吗?"对方会说:"好的。"你又说:"像我这么热情、这么听话、这么愿意与你交往,假如这两个礼拜不去打扰你,而在六个月之内去拜访你,你看我这么大的诚意,可不可以给出一个小时的时间和我谈谈呢?"这时客户会说:"六个月之内来没问题!"你就说道:"你一言九鼎是吗?你说到做到是吗?你信守承诺是吗?"客户都会说:"是,是,是。"结果,你在一个月左右的时间,就去敲他门了。当推开门后,客户会说:"你,你,你怎么来啦?不是说六个月之内吗?"你就可以

说:"你真是言行一致的人,还记得当初的承诺,上次通电话到今天刚好是一个月的时间,请问一个月是六个月之内吗?"他说:"是的。""太棒了,你言出必行,我非常地敬佩你。我们就开始了交流,这样他就没有办法抗拒了。

3."不感兴趣"

顾客说:"不感兴趣。"你要说:"太好了,你不感兴趣我非常理解,因为任何感兴趣的事情都是从不感兴趣开始的。我过去跟你一样,还没有来这个公司,还没有做这个项目之前,我对它也不感兴趣,可是经过了解我却发现,我们的产品能给客户带来不小的价值和利益,于是我就开始产生浓厚的兴趣。我相信不感兴趣最重要的原因,是你对我们产品的价值所给你带来的利益和好处还不够了解,如果你感兴趣的话,你就主动找我了,是不是?所以今天我就主动来找你,让你了解一下我能够给你带来的好处和价值,你一定不会错过的,是吗?"你这样说是非常简短并有说服力的,给人的感觉你是非等闲之辈。有的人听到对方说不感兴趣,就不知道怎么说了,那是不行的。

4."我已经买过了"

如果顾客说他已经买过这种产品了,你要回答:"很好,

说明你在这方面非常地关注和在意。那请问一下你为什么选择这个产品呢？可以分享一下吗？"

接着说："请问一下使用这个产品，觉得什么地方比较好，你觉得什么地方还有点不太满意，假设下次选择你希望是一个什么样的产品，你希望选择一个什么样的标准？如果我能为你提供你想要的那些标准，你想要的那些结果，你想要的状况，你觉得好不好？"我们转过来又在卖我们的产品，这样客户也不会反感！

5."现在不需要"

"现在不需要，以后可能会需要是吗？"问话有一个技巧，就是多问为什么，或者帮他想理由让他确认。

"请问如果对你有好处、有价值的资讯，你是早一点儿得到比较好还是晚一点儿得到比较好呢？"

6."考虑一下"

在顾客对你的产品还在犹豫不决，还未下定决心购买时，他们会因照顾你的面子而说"我会考虑一下的""我们还要开会商量一下""让我再想一想"诸如此类的话语。

你可以说："考虑一下是吗？太棒了，你要考虑说明你比较关注我们的产品，如果你不关注我们的产品，你连考虑都不

会考虑，真是太感谢你了，请问你考虑的是哪个方面呢？那我帮助你一起参考参考，好吗？"

说完之后，你一定要记得给你的客户留下时间作出反应，因为他们作出的反应通常都会为你的下一句话起很大的辅助作用。

他们通常都会说："你说得对，我们确实有兴趣，我们会考虑一下的。"

接下来，你应该确认他们真的会考虑："既然你真的有兴趣，那么我可以假设你会很认真地考虑我们的产品，对吗？"注意，"考虑"二字一定要慢慢地说出来，并且要以强调的语气说出。

他们会怎么说呢？因为你一副要离开的样子，你放心，他们会回答的。此时，你应该跟他说："你这样说不是要赶我走吧？我的意思是你说要考虑一下，不是只为了要躲开我吧！"

说这句话的时候，你得表现出明白他们在耍什么花招的样子，在他们作出反应之后，你一定要弄清楚并更有力地推他们一把。你可以问他："我刚才到底是漏讲了什么或是哪里没有解释清楚，导致你说你要考虑一下呢？是不是关于我们公司……"

后面的问句你可以举很多的例子，因为这样能让你分析能

提供给他们的好处。一直到最后，你问他："说真的，有没有可能会是钱的问题呢？"如果对方确定真的是钱的问题之后，你已经打破了"我会考虑一下"的抗拒点。

7."价格太贵"

你说："太棒了，从与你见面开始，我就觉得你是一个很有眼光，非常注重品质的人。你觉得为什么这么贵还有这么多人选择它呢？""既然这么贵，你为什么唯独看上了这一款呢？""这是今年我们最畅销的一款产品，那你帮我分析一下为什么这么贵，还有这么多人疯狂地选购呢？"你把问题留给他，比客户自己来说，这样的话更有利于说服和成交。

8."能不能便宜打折"

"我太理解你了，因为任何一个选购产品的人都希望花最少的钱买到最好的产品！是，还是不是？"

"是的。"

"请问一下你为什么想选择我们的产品呢？"你又反过来重新进行推广一下。

你接着说："我很理解你，很多人在选购产品的时候，最主要的是关注三个方面：一个是关注产品的品质，一个是关注产品的价格，一个是关注产品的服务。我们既要最高的品质，

最好的服务，又要最低的价格，是很有难度的，如果我们不能三全其美，只能两全其美，牺牲其中的一项，你愿意牺牲哪一项呢？王总，你要牺牲最高的品质吗？我知道你肯定不要，因为你非常关注品质，你说品质第一，价格第二，是吗？"

"是的。"

"你要降低我们给你的服务的品质吗？我想这也不是你想要的，也不是我们做事的风格！所以，我想如果能够让你拿到最高品质的产品和最好的服务，去牺牲一点儿价格，也是信得的，你说是还是不是？"

他会说："是的。"

"而且，今天可能贵一点儿，但是和未来会给你重复使用的价值和长期使用的价值相比，这个投资对未来是有价值的。如果选择价格低的产品，现在虽然得到了点优惠，未来却带来更多更长久的损失，你说是不是？"

他会说："是的。"

"是现在一次性投资可以带来未来更多的好处和利益比较好，还是现在得到一点儿好处，得到一点儿利益却给未来带来更多的损失比较好呢？请问你是选择前者，还是后者？"

他当然说："选择前者！"

第四章　销售的沟通技巧

然后你说："太棒了!"这就成交了。

9."没有带钱"

"没有带钱是吗？"对方说："是的。"你可以说："除了没有带钱，就没有其他问题了，是吗？"对方说："是的。""那么，你已感受到我们的产品能给你带来帮助，是吗？"对方说："是的。""那么，你也的确需要这种帮助是吗？"对方说："是的。""而且你一旦接受了这种帮助，你将得到巨大的好处，是吗？"对方说："是的。"你就可以说"你的承诺比现金更重要，请在这里签上你的大名就可以啦!"或者"今天忘带钱了，是吗？"对方说："是的。""实际上，我也经常这样，有时候看上了一个相中的产品，临付钱的时候发规忘带钱了，每次都是打电话让朋友给我送过来。这样吧！今天就不用你打电话让朋友送了，我就陪你回去，上门服务就是啦!"这样的话，客户就不太好意思再继续推脱了。

10."我要商量一下"

"你要商量一下是吗？请问您需要跟谁来商量呢，是跟太太商量吗？你真是太棒了，由此看出你是个非常尊重太太的人，我应该向你学习。"如果对方说要和老公商量，你就说："太棒了，由此看出你是个非从尊重爱人的人，你爱人真的是

很幸福。"如果客户拒绝你,你总是这样让他感觉很爽的话,将会减少他对你的抗拒。最后跟他说一句赞美的话!如果你是一个男士,对方要跟太太商量,你就说你应该跟他学习;如果对方是女的,说要跟老公商量,你就说:"做你的老公太幸福了,我真是太羡慕你老公了!以后我一定要跟你老公认识一下,问问他是使用什么方法让你对他如此之好的。"

你继续问:"你将要跟老公商量哪方面的问题?是款式的问题还是价格的问题?"

他回答后,你继续问:"除了这方面的问题,其他方面你都非常满意,是吗?"

对方说:"是的。"你就说:"太棒了!请问你们商量是需要一个小时,还是半个小时或者更短的时间呢?"

他说:"一个小时!"

"那我这边有电话,你看我帮你拨通,你跟他商量一下,好吗?"

他说:"好!"那就太棒了!

如果他说:"我需要回去!"

"那好,没有问题!请问你们大概什么时间可以见面?大概什么时候你们能够做出决定呢?"然后约定见面时间,约定

第四章 销售的沟通技巧

下一次跟他通电话的时间。

如果他说:"晚上7点左右。"

"那好,这样我们今天晚上7点,还是8点通电话进行确认一下。"

最后和他确定一个时间,这样就降低了顾客逃避的可能,离大功告成就越来越近了。

11. "等以后再说"

在顾客中,有一类是属于办事拖沓、犹豫的人,他们明明相信我们的产品质量和服务非常好,也相信如果作出购买决定会对他们的业务产生很大的帮助,但他们就是迟迟不能作出购买决定。

他们总是前怕狼,后怕虎。对于他们来说,主导他们作决定的因素不是购买的好处,而是万一出现的失误。对于这样的顾客,我们就可以采用下面的方法:

我们可以对他说:"美国国务卿鲍威尔说过'每一次拖延的决定比一个错误的决定更损失美国人民的金钱和利益。'请问我们现在讨论的是一项决定吗?"

对方说:"是的。"

"既然这项决定每拖延一次都可能给你带来很大的损失,

那我们来讨论一下怎样能够尽快地做出一个决定,而这个决定确信是对你有非常大的价信,你看好还是不好呢?"你可以引导他立即做出决定。

他说:"以后再说。"大部分都是推辞,所以一定要能够锁定在现场面谈或者电话当中,可以进一步的把话题说下去。

"等我的电话。"

"要等你电话是吗?我跟你预约一下,明天你什么时间比较方便,是上午还是下午呢?"

"明天上午吧。"

"明天上午您什么时间方便,9点还是10点呢?"

他说:"10点。"

"那好,我明天上午10点准时恭候你的电话,如果我10点没有接到你的电话,可能是我这边电话占线,那我10:05分给你打过去,您看好吗?"

一般情况下对方会说好的,这句话就是一个约定,就是明天不能敷衍,就是要给你打电话。如果他没有给你打,你再给他打过去,你可以说:"你好,遵照昨天你的要求,我今天上午10点钟准时给你打电话,我从9点50分开始就非常激动地做了最好准备,请问我们可以开始了吗?"这样回复电话的力度是

不一样的。

12. "不要讲了"

当他说不要讲了,你可以说:"好了,我不讲了,我现在听你讲,请问你给我讲点什么呢?你给我讲一讲,我怎么讲你才不会说不要讲了呢?"

他讲一会儿,你就说:"太棒了,我接下来就照你说的讲,你就不会再不让我讲了。"你们就可以继续沟通。只要你用心,任何抗拒点都是可以解除的。

有时打电话对方时间紧,或是周六周日,对方很烦,你就说:"对不起了,我向你表示最诚挚的歉意!可你有没有想过:如果你公司的推销员或者你的下属、你的朋友,或者你自己都能够像我一样礼拜六、礼拜天还不忘记打电话拜访客户、追踪客户,从而促动生意;在中午休息的时间还不忘记为客户服务,我想你公司的业绩不就大大增长,公司利润不就大大提升了吗?"他一听也是。

"那要不要我跟你分享一下我为什么有这种心态和精神?让你及你的员工也有这样的心境?""你既然希望你的员工这么卖力,那你就不反感我这么卖力地与你沟通了,是吗?"对方说:"是的。"你就说:"谢谢你的支持。"这样,一切的

抗拒都解除啦。

13."公司不景气"

"现在公司不太景气，状况不是很好，所以真的是不能考虑了。"当对方这样讲的时候，你告诉他："经济不景气是可以理解的，但很多成功者都是在不景气的时候脱颖而出的，你说是吗？"

"是的。"

"成功者一般都是在别人卖出的时候，他在买进，别人买进的时候他在卖出，是吗？"

他说："是。"

"所以，今天的不景气我相信不是我们想要的，如何让它景气起来才是比较关键的，你说是还是不是？"

他说："是的。"

"我们假设探讨一种方式可以帮到你，对公司的发展景气有好处和帮助的话，那你觉得是不是正在协助你处理目前这个不景气的状况呢？"

他说："是的。"

"那好，我们来讨论一下，来计划一下好吗？"这样你就在进一步地排除异议了。

第四章　销售的沟通技巧

14."没有预算计划"

你说:"真是太棒了,你公司凡事都有一个预算,说明你公司善于做规划,而且计划周详,公司管理得非常完善。同时,我相信如果有一件很好的事情虽然不在预算的范围内,但是确实可以给你公司带来利益和好处,相信你一定会做出最好的选择的!你说是吗?"

他可能会说:"是的。"如果他再找借口,你就继续朝这个方向去说服他。你还可以说他的竞争对手都曾经购买过,以增加他的购买欲望。

15."其他地方更便宜"

在销售当中,经常会碰到"其他地方更便宜"之类的话。我们必须分辨出他是真认为你的产品比别家的贵,还是只想用这句话来跟你进行讨价还价呢?大多数是后者。

不过无论他是什么态度,你用下面的成交法都能有效地激发他们的购买欲望,你可以跟他说:"相信其他地方更便宜!不过我相信你买产品的时候不仅仅关注他的价格,更关注的是品牌,是产品的品质和服务以及未来后续性的合作,对吗?"

"是。"

"如果其他地方更便宜,你有没有分析一下为什么更便

宜，而这些更便宜的是不是你最想要的，符合你的需要的，符合你利益的，是不是你能真正地得到你想要的那个结果和标准呢？就像外面的汽车有一百万的，有十万的，为什么有人在买一百万的，有的人在买十万的？一栋房子有的250万，有的25万，价格不同肯定跟他的品质、服务以及合作的后续性的不同有很大的关系，你说对吗？"

"是的。"

"虽然我们价格高一些，但是我们产品的品质，我们的服务，我们一切的后续合作，如果在这些方面优越于他们，你是不是可以优先考虑我们，而不是光看价格呢？"

这样一来,客户会觉得你很可爱，不找你买找谁买呢？要知道，顾客不仅仅买的是产品，还有一种快乐的感觉。那么，有没有顾客故意抗拒你一下呢？

第五章

成交的技巧

第五章　成交的技巧

"是的"成交法

连续问了对方六个只有回答"是的"的问题，那么在第七个问题的时候对方可能会下意识地回答"是的"。好好利用这一个方法相信一定能让你创造更好的业绩。

"刘学员，是不是你叔叔给你报名来参加我课程的？"

"是的。"

"刘学员，你能持续来参加我的课程，是不是透过课程帮助到你啦？"

"是的。"

"刘学员，那你觉得是不是你的叔叔帮助了你？"

"是的，最主要的是通过姜老师的课程帮助了我。"

"刘学员，我给你的帮助，是不是透过你叔叔帮助你得到的呢？"

"是的。"

"刘学员，假如有机会，你也要帮助你叔叔得到成长与提升，是吗？"

"是的。"

"刘学员，假使有这样的机会，你也会像你叔叔帮助你那样去帮助你叔叔，是吗？"

"是的。"

"刘学员，你真的愿意这样去做，是吗？"

"是的。"

"刘学员，你是想早一点儿还是晚一点儿帮到你叔叔呢？肯定是早一点儿是吗？"

"是的。"

"刘学员，现在你的叔叔还没有和你一起听课，刚好你有一个立刻帮助他的机会，你不会给自己再找理由而跟前面你所

第五章　成交的技巧

说的不符,是吗?"

"是的。"

"刘学员,那就在我们的共同见证下,在这张表上确认一下。也是给你叔叔帮助你最好的回应。"

刘学员当即填表确认,并交了800元定金。

大家可以看出,在整个对话中刘学员只能回答"是"的问题,"是的"成交法,是一些销售员习惯用的销售手法,也是与客户对话的常用而有效的方式,即使在说服、教育下属,甚至平时聊天,这个方法都屡试不爽,效果非常显著。

有效选择成交法

这种成交方法也叫"二选一成交法",它的关键是:给客户提供两个答案,以征询对方意见的方式让其从中选择一个,不管他做的哪一个选择,都锁定在你成交的范围之内。

比如你问客户:"请问你是选A产品,还是B产品?""请问刷卡,还是付现""你是转账,还是支票?""请问你是早一点儿发货,还是稍微晚一点儿发货?""你是希望打折呢,还是希望配送?""是你过来取呢,还是我们送过去?""你觉得我们提供的两套方案哪一套最适合你呢?""你倾向于做某某级,还是某某级代理呢?""你是乐于小王,还是小李为

第五章　成交的技巧

你服务呢？"……所有的问句都是引发成交的，这个叫作有效选择成交法。也就是说你所问的问句不管对方做哪一个回答，对于你来说都是有效的，并能达到成交的目的。

切忌向客户问一些"要不要、行不行、可不可以、怎么样、有什么意见"等引发客户负面联想，或者不能把客户锁定在成交范围之内的问话。例如你问客户："这个产品你要不要啊？"如果顾客不太想要你的产品，或者购买的欲望不够强烈，他会立刻说道："不要。"这时你要让他改口再买你的产品就难上加难了。即使顾客想要你的产品，当你问要不要的时候，他有一种潜在的心理，把你和他摆在对立的位置，或者，他会提一些条件让你满足他。要么对你的问题默不作答，要么对你说："还不能确定，我要考虑一下，我还要与某某人商量一下。等一会儿再说"等类似的话语把你搪塞回去。本来可以成交的单子，就因一句错误的提问又让顾客退回到犹豫的状态。从现在起，每一个朋友请认真地参照上面正确有效的选择问句，运用到你的销售实践中，相信定会减少营销中的失误，更会降低客户的流失率。

直接成交法

直接成交法,就是当顾客感觉你的产品比较好,非常认同时,你就直接说:"您好,你看就不要买5盒了,先买2盒试用一下吧!"或者"您好,你就不要选择A款了,B款对你比较适合,我就把B款帮你包起来吧。"

销售员:"这两本书的内容基本上是我销售演说精华的汇总,对你很有价值,对你很有帮助,是吗?"

顾客:"是的。"

销售员:"听完这堂课收获这么多,然后回去再对照书的内容复习一下,收获会更多是吗?"

第五章 成交的技巧

顾客:"是的。那你的书怎么还不出来?"

销售员:"如果书出来你是订10本,还是订20本呢?"

顾客:"我们都是一起的,我的同事定8本,送我一套好了。"

销售员:"请问有没有一些是你的朋友,而不是她的朋友?"

顾客:"没有。"

销售员:"太棒了!你们朋友都是一起的,可见你们关系非常密切。请问你们找男朋友,肯定是每个人找一个是吗?"

顾客:"肯定是每个人找一个。"

销售员:"那请冒昧地问一下,你现在有男朋友吗?"

顾客:"没有。"

销售员:"未来肯定要找男朋友的,是吗?"

顾客:"是的。"

销售员:"那提前为你未来的男朋友预备1本好吗?"

顾客:"好的。"

销售员:"1本,还是更多?"

顾客："1本。"

销售员："太棒了，你暂时就不要拿10本了，所以就收1本的定金就好了？"

顾客："1本多少钱？"

销售员："这本书需要36元，打8折是28.8元，不要打8折啦，打6折，就是21.6元，也不用收21.6元啦，只需要收你20块!是太好了还是太…太…好了？"

顾客："不好。"

销售员："是不是你觉得付20块钱有点儿不好意思了，对不对？"

顾客："对。"

销售员："那就35块两本好不好？"

顾客："很想买，真的这么好吗？"

销售员："肯定的。"

顾客："那行，给我4本。"

从上面的对话中，大家能体会到和悟到什么？如果换位思考一下，你会不会跟上面的销售员一样坚持到底，不受外界的影响，全力以赴地去达成你想要的结果，明确方向了就绝不偏

第五章　成交的技巧

离，你又将如何把学到的知识使用到自己的实践中去，持续创造价值呢？

经理出马成交法

经理出马成交法,就是在成交的最后时刻,由经理出面排除客户异议,提出更好的解决方案,让客户做出选择,从而达成交易的一种方式。

比如经理一个业务人员谈一个单子,先由业务人员谈,经理在一旁听,业务员能够直接成交,那是最好不过的,如果成交有难度,或者客户有下逐客令的意思时,经理就会站起来说:"你好,我是某某的经理,我刚才认真地听了您跟销售员的整个谈话过程,我感受特别深,我想简单地跟你分享一下。"一般对方都会说:"那你说吧!"经理接着说:"你好,您能够接待我们这

第五章　成交的技巧

么长时间，我们非常感谢你，同时也说明了您对我们的产品也有一定的认同。那么请问，是什么原因影响了您现在做出一个决定呢？"对方说："也没什么。"经理说："我知道您是一个行动力极强、办事效率特别高的人，您现在之所以不能做出决定，肯定是我们哪里做得不够好，或者您有某种想法我们不知道，请您直接告诉我，我是该公司的经理，公司的老板也特别的信任我，我来帮你协调，您看好吗？"

一般在这个时候，顾客都会说出对我们不满意的地方，或他真实的想法及要求。当我们了解了顾客真正的需求或想法后，再重新制订出适合他需求而又不损害公司利益的最佳解决方案。

假设成交法

假设成交法的真谛，就是无心插柳柳成荫，看似无心胜有心。这种感觉需要慢慢地体验使用，方能彻底领悟。

先假设有一个产品能给顾客带来什么好处，能让他获得什么价值，这样就会把顾客的兴趣激发到一定的程度，接着说，"如果真的有这个产品，你一定会需要它是不是？"他说："是的。"这样再告诉对方你的产品，不就等于成交了吗？假设成交法最大的优势，不是直接推广这个产品，是先假设某一个产品，因为一说假设对方戒备比较小。这时客户比较容易接收你所传递的信息、价值和好处，遵循"假设……然后……真的……"的模式进行成交,成交率都非常之高。

限时限量成交法

限时限量成交法，是用时间限制和数量限制来予以客户优惠，促成交易的方法。

比如说某个产品有一个优惠期，在优惠期内费用是50元，过一段时间就变成60元，再过一段时间就是70元，你产品的原价98元，今天做促销60元，明天又恢复到98元。这样就促使顾客今天立刻做出决定购买，同样的产品明天买就多付出38元，而今天可以立刻节省38元，同样能买到98元的产品。这个就叫作对比限时成交。什么叫限量呢？如果今天前10位的顾客选择了我们的产品，可以买一送一。通过这种对比限时又限量的方

第五章 成交的技巧

法，会促动顾客立刻做出决定，你甚至可以跟客户说："现在优惠名额已经有八个了，还剩下两个，某某总，你一定争取在十名以内。不要犹豫了，请马上行动吧！"这个方法在客户众多的会议营销模式中最有效果。比如说公司开招商会，下面有一百多个客户，如果一个一个谈话，人员和时间都很难协调，并且没有一种火热的气氛。这时你就告诉所有的客户："只要在今天选购产品，跟我们合作的前十位客户，我们将买一送一。"或者"我们将给你提供一个免费的大师级培训"，或者"我们将给你六折优惠……"这样立刻让客户在特定的时间内快速做出决定，对你来说会给你节省大量的时间和精力，并可以赢得不菲的销售成果。

故事成交法

最受孩子欢迎的父母，一定是会讲故事的父母；最受学生欢迎的老师，一定是会讲故事的老师；最受客户欢迎的销售人员，一定是会讲故事的销售人员。

人们都不喜欢教条与理论，都喜欢听故事，讲故事可以引发共鸣，可以激发兴趣，显得平易，更能深入人心。像乔·吉拉德、甘道夫、原一平、柴田和子都是说故事的大师。原一平每次在推广保险的时候，都会讲一个因没有买保险发生意外和死亡的悲痛故事，他的真情感动得客户流下泪水，这时他便说道："我真的不希望这样的故事发生在我遇到的每一个人身

第五章 成交的技巧

上,我有责任去帮助他们,我出售的不是保单,我出售的是爱和保障。"就因为原一平讲故事的真挚,一次又一次地打动了客户,从而帮助他成交了一个又一个的保单,让他成为了受人尊敬的推销大师,被誉为"推销之神"。

所以,不管你今天卖任何产品,你一定要收集过去客户曾使用你产品的整个过程的资料,包括有关售前、售中、售后所发生的每个细节,挑出其中能令新客户产生共鸣、激发需要的故事,如果你能讲得栩翔如生,就会对感召客户达成交易具有极大的推动力。